JN228286

「NO《ノー》」の魔力

あなたを一瞬で“特別な人”にする呪文《コミュニケーション》

奥井まゆ
Mayu Okui

フォレスト出版

はじめに「NO♡」であなたの欲しい世界が手に入る

「人の目が気になって、自分の意見や気持ちが言えない。そんな自分を変えたい」

「大好きな人たちと、心地いいコミュニケーションをして、温かい関係を築きたい」

「楽しく、遊ぶように働きながら、しっかり稼ぎたい」

「大切な人の〝特別な人〟になりたい」


本書は、そんな思いを抱いているあなたが、目の前の現実を変えるための本です。


はじめまして、奥井まゆです。

わたしは普段、脳科学や心理学を使ったメンタルコーチングを行ったり、華僑《かきょう》の四《し》

柱 推命《ちゅうすいめい》という統計学的な占いを使った人間関係・パートナーシップ改善の相談に乗ったりしています。

わたしが人間関係に関する学びを経て一番最初に気づいたのは、豊かで幸せな人生を叶えるには、〝ホンモノの自分〟に戻ることが最も重要だということでした。

そして、**〝ホンモノの自分〟に戻るには、「自分が常識だと思っていることと、真逆の考えを受け入れること」**も大切だということです。

そして、わたしにとって、また多くの女性にとっての**「自分の常識の真逆」**で、**最も人生を大きく変化させるのが「NO♡」**だったのです。

わたしのところへ相談に来られるクライアント様も、「なかなかNOなんて言えない。言っていいとも思えない」、もしくは、「NOと伝えると、相手からもNOが返ってきて、そこで関係がおわってしまった」といった悩みを抱える方が多くいらっしゃいます。

同様に、実は以前のわたしも、人間関係を円満にするには、相手の話に共感したり、全肯定したりすることが大事だと思っていました。「YES」と言うほうが人生や人間関係全般が、円滑で順調に進んでいくと思っていたのです。

「人に合わせることは当たり前だし、それが大人であること。賢いこと」「わたしにできることは少ないし、自信もないのに生意気なことを言ってはダメ」「周りと足並みを揃えて、失敗しないようにするほうが正解だ」という考えでした。

そうやって努力を重ねましたが、それでも心から満足できる人間関係を実感できませんでしたし、どこか**自分を犠牲にしている感覚**があったのです。

ところが、わたしが出会ってきた尊敬する億万長者の妻や、幸せな結婚やキャリアを叶えている女性たちは違いました。

彼女たちは、相手が好きな人、尊敬する人であっても、納得できないことには、「わたしはそうは思わない」「こうしたい!!」と当たり前に伝えていたのです。

すなわち、**相手に対して自分軸の「NO♡」が言える**ということです。

この場合の「NO♡」とは、他人を否定するものではありません。**相手を傷つけず**

に、**自分の意見が言えるようになる**ということです。

そのためにまずは、**自分の中の「NO」に気づく**こと。

自分のなかの「NO」を受け入れること。

そして、**相手との信頼関係を築くための「NO♡」が言えるようになる**こと。

これが、本当の意味でのコミュニケーションになるのです。


そもそも、「NOが言えない」「自分の考えや気持ちを伝えられない」というとき、実はわたしたちのなかの「**心のステージ**」というものが影響しています。

詳細は、本文に譲りますが、この「心のステージ」を理解し、自分の心がどのような状態にあるのかがわかりさえすれば、自然と、今お伝えしたような、自分の「NO」に気づき、受け入れ、「NO♡」が自由に使えるようになります。

つまり、**心地いいコミュニケーションが取れるようになるのです。**

すると、**いつの間にか理想の人生を歩めるようになります。**


わたしは、30歳目前で大失恋をし、振られた理由もわからず、「わたしにダメなところがあったからだ。もうまともな恋愛ができる気がしないし、仕事もこれ以上うまくいくはずがない」と思っていました。

そんなわたしも、穏やかで高学歴、現在は会社を経営する年下の彼と出会い、結婚することができました。彼は、いつでもわたしを一番に応援してくれています。

どんなにがんばっても報われなかった仕事も、自分のしたいことと性格にマッチしたビジネスに出会い、気の合う仲間たちと遊ぶように軽やかに働けています。

今、わたしは、**好きなことだけで毎日を埋め尽くせる人生を生きています。**

皆さんにも、なりたい自分になって、望む人間関係と現実を手に入れてほしいと思っています。

本書では、そのための心のメカニズムとコミュニケーションについてお伝えしていきたいと思います。

奥井まゆ

contents

chapter 2 〝ニセモノの自分〟から脱する方法
―〝特別な人〟は「比較」と「have to」を捨てている―

chapter 3 愛とお金が巡る「NO♡」の使い方

─お金が巡る自分になる─

chapter 4 困ったをラクに乗り越えるためのQ&A
―“特別な人”がやっているコミュニケーション―

【仕事編】

chapter 5 お金にも人にも推される〝特別な人〟になる
—「NO♡」の魔力で理想の現実を叶えよう—

staff

ブックデザイン
矢部あずさ(bitter design)

装丁イラスト
Loulaki

DTP
一企画

編集協力
津田麻紀子

企画・編集
時奈津子

chapter

1

「NO」で あなたの世界は一変する

「NO♡」で、人生は動き出す

「気づくと振り回されている」
「がんばれば、がんばるほど損をしてしまう」
「いつもわたしだけ我慢させられる」
「大変なことばかり押しつけられる」
「大好きな人とうまくいかない」
「わたしの願いだけ、いつまでも叶わない」

こんな思いを抱えながら、生きているあなたに、伝えたいことがあります。
それは、「NO♡」と言えるようになるだけで、人生はあなたの思うとおりに動き出すということです。

わたし自身、「NOと言っても大丈夫」だと受け入れ、「NO♡」という選択肢を持てるようになったことで、

・仕事で損な役回りばかりしていると、気が重たくなっていましたが、正直な気持ちや考えを聞き入れてくれるお客様や仲間が増え、想像以上の成果につながった
・結婚までなかなか進まなかった関係が、あっという間に婚約・同棲・結婚へ
・乗り気になれないと正直に伝えたり、断っても嫌われないことに気づいて、どんな集まりも時間も楽しめるようになり、さらに誘いも増えた

このような、たくさんの変化を経験してきました。

わたしが開催しているセミナーや講座には、人間関係やパートナーシップに悩みを抱えている女性が、その解消方法を学びに来られます。

この講座でお伝えしていることはただ一つ。

あなたはあなたのまま、ありのままの自分で生きていいということだけです。

ただし、〝ありのままの自分〟が〝ホンモノの自分〟であることが重要です。これがどういうことなのかは、後ほど詳しくお伝えします。

まず知ってほしいことは、人間関係やパートナーシップに悩む女性たちは、自分の意見を言うことや、「NO」と言うことに抵抗がある人が多いです。

「NO」を言えないことが、悩みの種になっていることを知らないのです。

「わたしがどんな仕事も引き受けるから、うちの課はどうにか回っている」

「グループに主張の強い人がいるけど、彼女の意見にいつも賛成しているから平和が保たれている」

「わたしが察して合わせているから、彼は自由にふるまえている」

「彼が気に入るわたしでいるから、今も付き合えている」

「夫への言いたいことを飲み込んでいるから、結婚生活が続いている」

事実、そういう側面もあるかもしれません。
でも、そこに〝幸せなあなた〟はいるでしょうか？

実は30歳になる直前、大大大好きだった彼に、こっぴどく振られるまでは、わたし自身が、ありのままの自分を他人に見せることができませんでした。

29歳の年末にわたしは、「この人と結婚したい！　自分を捧《ささ》げていたい」と思っていた人に、いとも簡単にさよならを言われてしまいました。「こんなに尽くしたのになぜ？」と、一方的なお別れを受け入れることができませんでした。

その頃のわたしは、**彼に対していつでも「YES」と言い、常に彼を優先して生きていました。**

たとえば、彼の仕事の接待の席にも何度も付き合ってフォローするなど、彼のリクエストを断ったことはありません。

なぜわたしが彼にそこまでしていたのかと言うと、それがわたしの幸せにつながっていると思っていたからです。わたしが「YES」を言い続けることで、二人の関係を大切に育てていきたかったのに、突然彼に、「俺とは合わないから別れよう」と言われて、それでおしまいです……。何がいけなかったのかわからず、感情がグチャグチャになって、「心が死ぬって、こういうことなんだな」と泣き明かしました。

でも、今ならこの結末の理由がわかります。

彼とお付き合いしているとき、**わたしの心は、本当の意味でわたしのものではありませんでした。**何を決めるにも、彼が主語の「YES」を言い続けていたのです。

彼が主語の「YES」。それは、自分で決めているかのようで、実は、わたしの幸せも選択も、すべてを彼に委ねてしまっていたということ。

それは、対等な関係を作るコミュニケーションとは、ほど遠いものです。

しかも、そうすることを決めていたのは、わたし自身でした。

わたしはありのままの自分で考え、行動し、自分を大切にできていると思っていたのですが、無意識に自分を後回しにしていたのです。

そしてすべてを彼に委ねていたわたしは、彼がいなくなったことで、〝わたし自身〟も一緒にいなくなってしまいました。

このときのわたしは、望むパートナーシップを手に入れるどころか、**自分が何を望んでいるかすらわからなくなっていました。**

これは、恋愛に限った話ではありません。

仕事でも、友人関係でも、相手に合わせるばかりのコミュニケーション、つまり、**自分を失った、「NO」のないコミュニケーションを続けていると、自分がわからなくなってしまいます。**

よい人間関係とは、大前提として、**互いに「NO♡」が言える関係です。**

今、この本を読んでいる方のなかには、
意見を求められても、自分の考えがよくわからない方、
意思を伝えることや、他の人の意見と対立する考えを口にするのが苦手な方、
「NO」は言えるけれど相手との関係に亀裂が入りがちな方、
いろんな方がいると思います。

本書では、こうしたどの段階の方でも実践できるよう、人生を一変させる「NO♡」の魔力の取り扱い方法についてお伝えします。

「NO」と言ったから嫌われた？

「NO」とは、人を否定することでしょうか？
「NO」を言ったら嫌われてしまうかもしれないから言えない、なんて方もいると思います。

わたしの講座には、恋愛、仕事、友人など、人間関係に悩みを抱えている女性が多く参加されます。

仕事もしっかりやって、友人もいる、恋愛もしている。不満はないけれど、ただ、満足していない。その悩みの根底は**「人と関係を育むコミュニケーション」が重要になる場面では、急に自信がなくなってしまう方がいる**ということです。

たとえば、恋愛のお悩みで、自信をなくしてわたしの講座にいらっしゃる方のなかに、かなりの確率で「恋愛指南書のとおりにやったのに全くうまくいかない」とおっしゃる方がいます。

「デートの誘いの期限は3日前まで。それよりも少ない日数での急なデートの誘いは一旦断る。それが彼の本命になれるコツ」こういった恋愛指南を聞いたことはありませんか？

直前のデートのお誘いに応えると、都合のいい女、暇つぶし要員になってしまい、自分の価値を下げてしまう可能性があるので注意しようというアドバイスです。

ここで問題になるのは、**自分の気持ちや、その時々の状況を無視して**「2日前だから断る」と、**機械的にそのまま実行してしまうこと**です。

これは、実際にクライアントの女性から受けたご相談ですが、このご相談の裏側にある〝思い〟を分解して見てみましょう。

恋愛指南書のとおり「NO」と言ったのに、彼から次の連絡がこない
←
断れば彼に大切にされると思った
←
もう二度と連絡はこないのではないか
←
もう二度と彼に会えないかもしれない
←
「NO」と言ったから嫌われてしまったのではないか
←
わたしに魅力がないから連絡が来ないのかもしれない
←
わたしに魅力がないに違いない

こうやって悩みや不安は、連想ゲームのようにつながり続け、ネガティブの沼には

まっていました。大切にし合える関係を作るためにと参考にした方法で、自らの首を絞めてしまった状態ですよね。

ここから抜け出すために、事実だけを整理してみましょう。

- **〝彼〟から2日前にデートの誘いがあった**
- **〝恋愛指南書〟のとおり「NO」と断った**
- **〝彼〟から次の連絡が来ない**

実は、事実はこの三つだけです。

ここで確認したのですが、ご相談者の一番の願いは、「彼に会いたい」ということでした。

では、なぜ断ってしまったのか？　なぜ、その選択で自分を苦しめているのか？

自分の気持ちを無視することになったのは、なぜなのでしょうか。

そして、彼女はどうすればよかったのでしょうか？

その「NO」は、あなたの「NO」ですか？

こうした苦しい現実になってしまうのには、次の三つの理由が考えられます。

一つ目は、「わたし」の気持ちを度外視したこと。

二つ目は、指南書などのアドバイスを「〜しなければならない（have to）」ととらえ、縛られてしまったこと。

三つ目は、目の前の彼を無視したコミュニケーションになっていたこと。

では、この三つの理由について、一つずつ詳しく見ていきましょう。

まず、一つ目の「『わたし』の気持ちを度外視したこと」についてです。

恋愛指南書に従っての行動でも、もちろんいいのです。

ただし、ここで最も重要なのは、恋愛指南書が伝えるノウハウを、そのまま実践することではなく、**自分の気持ちを確認して、納得して選択をすること**なのです。

彼女自身が、「2日前に連絡してくるなんて、自分のことを蔑《ないがし》ろにしている!!」と心から思って「NO」を言ったのなら、彼から連絡がこなくなったとしても、そこまで傷つくことにはならないと思います。

もしくは、先約があるなど本当に約束ができない日だったから「NO」と言ったのなら、後悔のしようもないはずです。

自分が言った「NO」に後悔して傷ついてしまっているのなら、それが**自分の本当の「NO」ではなかったから**ではないでしょうか。あなたは偽りの自分の気持ちで行動してしまっていたのです。これが最初の苦しい原因にもなっています。

二つ目の「指南書などのアドバイスを『〜しなければならない(have to)』ととらえ、縛られてしまったこと」についてです。

これは、「望む結果を得る方法はこれしかない」という考えに囚われている状態です。

たとえば彼女の場合、「2日前に誘われたデートは断らないと、彼の本命になれない」と思っていたということ。

たしかに、軽い女だとは、思われたくないですよね。

ですが、「デートの誘いの期限は3日前まで」を守れば、本当に彼に軽く扱われないのでしょうか？

ここに疑問を持たないことが「have to」の思考に囚われている証拠です。

デートの誘いの期限以外にも、「have to」が隠れていそうですよね。

「have to」とは、**「しなければならない」と思い込んでいること、「誰もが守らなければならない」「それなしでは結果は得られない」と、心のなかにギュッと抱えている考えのことです。**自分のなかでは〝一般常識〟〝大事な価値観〟だと思えることも「have to」の可能性もあります。

「have to」を握りしめている理由や背景は、それぞれにあるかもしれませんが、実はその常識だと思っている考えは、必ずしも必要ではないことも多いのです。

さらに、**「しなければならない」と感じる理由が、単なる誤解や思い込み**であることもあります。

「○○さんがそう言ったから」「昔からそうしてきたから」そんな理由で続けているとしたら、それが本当に〝今のあなたにも〟〝目の前の状況にも〟必要なのかどうかを見直してみてください。

もしかしたら、求める結果に不必要な理由が発見できるかもしれません。

そして三つ目、「目の前の彼を無視したコミュニケーションになっていたこと」について。これがとても大事です。

「デートの誘いの期限は3日前まで」という外部からの情報や常識だけで判断しているとき、彼女は〝誰と〟コミュニケーションを取っていたでしょうか。

彼女の頭のなかで想定されていたのは、一見彼なようでいて、実は一般的な男性心理です。**彼自身を見ることはできていませんでした。**

もちろん心理学や統計学は、わたしも活用していますし、参考にしていいものです。

でも、それだけでは、いい関係は築けないのです。

さまざまな情報、他人のアドバイスや一般常識と言われるものは、**目の前の人とい**

い関係を構築するため、理解するためのヒントでしかありません。

「わたしも会いたいから会おうよ！　ただ、できれば3日前くらいまでに連絡をくれると、仕事の調整や準備もできて嬉《うれ》しいよ！」

こんなふうに「have to」に囚われず、「わたしは会いたい」と伝えた上で、「もっと早めに連絡が欲しい」と、自分のスケジュールも尊重してほしいという気持ちも、一緒に伝えられるようになってほしいのです。

彼が2日前に誘ってきた理由は、ものすごく忙しくて、でも空いた時間に好きな人に会いたいと思ったからかもしれません。「いつもこんな感じで突然予定が開くの？」と素直に聞くのも大事かもしれません。

より良い関係を長く続けるのに、目の前の人の考えを聞くことは重要なのです。

でも、「仕組みはわかったけれど、やっぱりなかなか言い出せない！」という方もいるかもしれません。正直、わたしが恋愛も仕事もうまくいっていなかったときに、本書を読んだとしても、絶対に「そうは言っても」と思っていました。

ですが、そう思ってしまうのは、まだ「NO♡」の魔力を知らないから。

ここからは、思いどおりの人生を歩むための「NO♡」の魔力の使いこなし方を、ステップにしてご紹介します。

皆さんが思い描いている理想の人生には、必ず他人が存在していて、**多くの願いや理想は、他人が叶えてくれるものなのです。**

とは言っても、他力本願ではありません。仕事も、愛情も、お金も、すべて人間関係を通して変化していくものだから、より信頼関係を大事にしてほしいのです。

人生の激変を可能にするのが、「NO♡」の魔力でもあるのです。

ホンモノのありのままの自分になって、幸せな人生を作り出しましょう。

「NO♡」と言えるから人間関係が変わる

言えなかった「NO♡」が言えるようになると、これまで見えていた世界が、一変します。

なぜ、「NO♡」が言えることで見える世界、つまり現実が変わるのでしょうか。

「NO♡」とは、**ありのままの自分になるために必須の選択肢です。**

「NO♡」が言えることを、ただ断り上手であることだと思う方もいるでしょう。

ですが、自分のなかに「NO♡」という選択肢を持つこと、それを伝えられるようになることで、**無理な我慢などの自己犠牲をしないままで、自然と相手の「NO」も受け入れる選択肢が出てきます。**

左の図を見てください。これは、相手に「YES」と「NO」を言えるか、言われたときに受け入れられるかを整理した図になります。

「NO」は相手との間に適切な線を引くこと、「YES」は相手と関わることにつながります。

	言える	受け入れる
NO	断り上手	受け入れ上手
YES	甘え上手	もらい上手

どんなに大切な相手であっても、何にでも「YES」ばかり言っていては、自分自身を見失いますし、不満も溜まるでしょう。

ここで知っておいてほしいのは、**相手に「NO♡」を伝えることは、決して相手を否定することにはならないということ。「NO♡」は、自分を守ることでもあるのです。**

まずは自分の「NO」を受け入れるなかで、自然に相手の「NO」が受け入れられるようになると、相手にとってあなたは、「むやみに自分の意見を否定しない人」「自分の断りを受け入れてくれる人」となります。

それは、相手にとって、あなたがコミュニケーションを取りやすい相手になるということ。自分の「NO」を受け入れるだけで、「YES」一択だったときよりも、自分の可能性がぐっと増えるのです。

本来、**コミュニケーションは、「YES」「NO」どちらかに偏るのではなく、両方持つことが大事**です。

ただ、「NO」が言いにくい、言えたとしても、相手を否定しない「NO♡」をうまく使うことができない……。これは、よくあることです。

これは実は、心の状態=心のステージが関係しています。これについては、Chapter2で詳しくお伝えしていきます。

どちらかの狭い選択肢だけを持った状態、犠牲の上で成り立つ関係性では、心から幸せな人間関係をつくることはできません。

本当の信頼関係は、「YES」「NO♡」どちらの選択肢も受け入れ、お互いを尊重する考え方を手に入れた上で、コミュニケーションが取れたときに出来上がります。

〝ニセモノの自分〟ができてしまう理由

今、あなたの目の前にある〝違和感のある現実〟は、〝ニセモノの自分〟から創り出されています。

その〝ニセモノの自分〟は、**自分のなかの小さな嘘からできています。**

相手の「NO」は受け入れられるのに、自分の「NO」が言えない。自分の「NO」を無視して出来上がった現実で苦しい思いをしています。

なんだか空振りのようなコミュニケーションしかできない。でもどうしたらいいのかがわからない、なんてことがありますよね。

自分の「NO」が言えないと、こういう状態になり得るのです。

罪悪感や自己犠牲があるままでは、自分のなかに「NO♡」の選択肢を持つことは難しいです。そのままでは、**自分の意見を抑えて、相手の意見に合わせるスタンスしかとれません。**

相手を尊重することは、大切なことですよね？

優しい女性であるほど、相手に合わせることを止められないのです。

ですが、本当に信頼できる関係に罪悪感や自己犠牲は必要でしょうか？

相手を尊重することと、自分も尊重することは、併存できないのでしょうか？

もしあなたの大切な人が、あなたと幸せな関係を築くために自分を犠牲にし、いつも罪悪感を覚えていたらどう思いますか？

あなたは嬉しいですか？

「幸せな関係を創ることのできる自分になる」と決め直すタイミングは、今ではないでしょうか。

コミュニケーションのフェーズを理解する

みなさんには、良好な関係を築くために、**コミュニケーションにはフェーズ（段階）があると理解してほしいのです。**

フェーズは、三段階あります。（A）が動機やきっかけ、理由などの「気持ち」、（B）がプロセスや言動、思考などの「過程」、（C）がゴールや目的、結論などの「結果」です。それぞれを簡単に説明しましょう。

（A）気持ち（動機・きっかけ・理由）

その瞬間に感じたことや、人がある状況のもとで、言動を決定するための意識や無意識など、自分を動かすための理由となるものを指しています。特定の刺激や出来事、誰かの指示なども含みます。

（B）過程（プロセス・言動・思考）

（A）の気持ちによって引き起こされる、具体的な行動や反応を指します。これは観察や測定が可能です。

（C）結果（ゴール・目的・結論）

（B）の過程、行動や反応によって生まれた出来事や事象を指しています。結果は、行動を起こす頻度や強度に影響を与えるので、行動や反応を繰り返し行いたくなるか、避けようとするかなどを決めるものと言えます。

自分と相手、**それぞれがどのフェーズを話したいのか、知りたいのか。そのすれ違いがトラブルを生み出しています。**

そして、このコミュニケーションのフェーズは、人によって重視している部分がかなり異なります。

たとえば、あるクライアント様から「彼に何を言っても話が伝わらない!!」というご相談がありました。

コミュニケーションのフェーズ

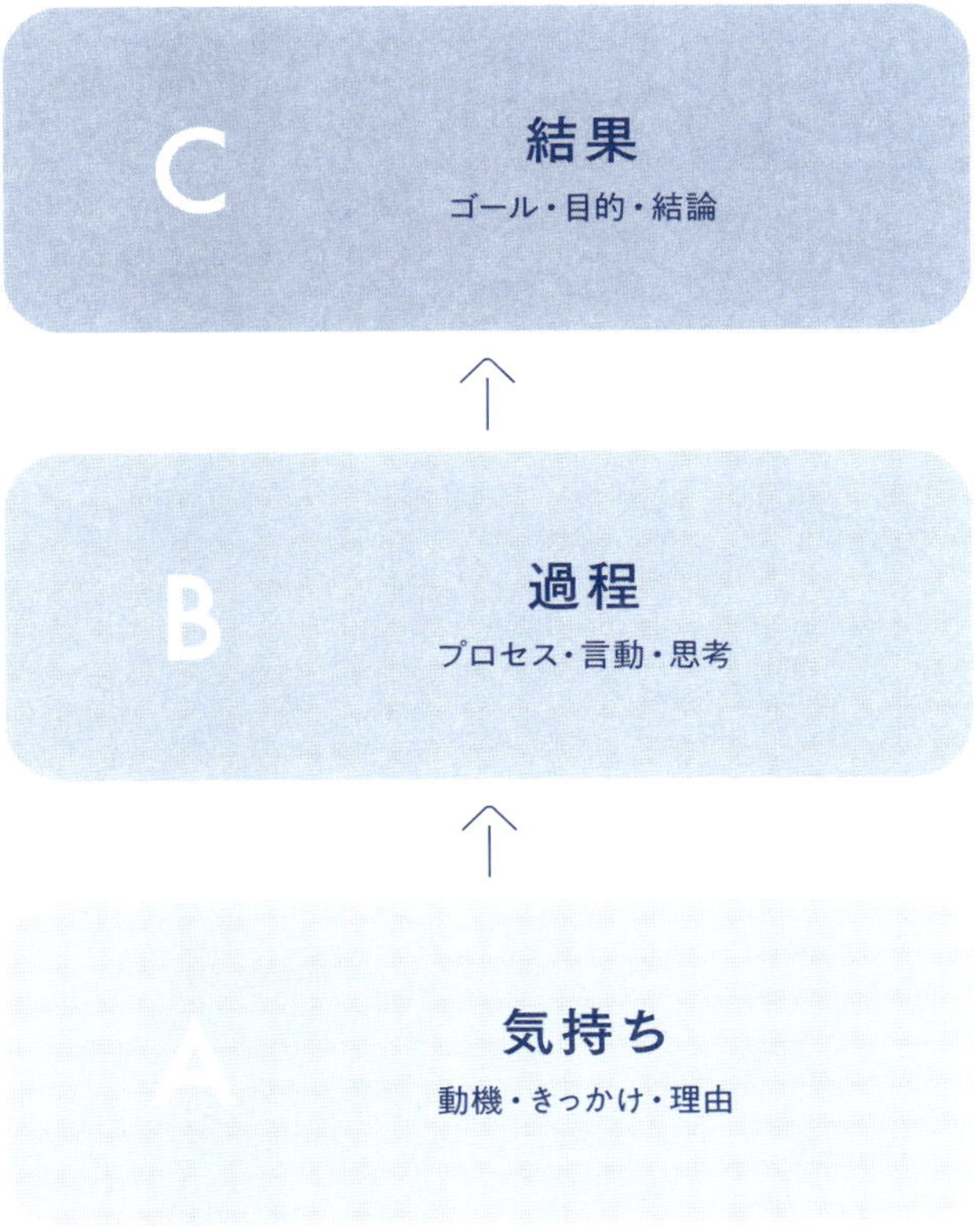

話を伺ってみると「自分が今、何をしているのかを話しているのに、彼からは、『で？』と言われるばかり。とるに足りないことだと言われているようでつらい」というご相談でした。

これは一見、彼の対応の悪さを感じる、ネガティブなコミュニケーションのように思えますよね。

でも、お話をじっくり伺うと、お互いのコミュニケーションにおいて、**重要視しているフェーズが異なっているだけ**なのですが、まさかそこに相違があるなんて夢にも思っていないのです。

実は、彼女はプロセス（B：過程）の話をしているのだけれど、彼は結論（C：結果）を知ろうとしていたのです。これはよく男性脳や女性脳、左脳・右脳の違いなどとして表現されることもあります。

そもそも**コミュニケーションにおいては、(A)から(C)のどれを重視するといいかなどは決まっておらず、どれも大事**であることを知っておくことが重要なのです。

さらに先の章では、(A)(B)(C)それぞれの重要度の違いやどのように活用すれば人間関係が良好になるかを書いていきますね。

人間関係の悩みが解消しない理由

では、人間関係の悩みを解消したいと思っているけれど、なかなか解消しないときにしてほしいことを書いていきますね。

先日、お仕事に関する、こんなご相談がありました。

Aさんが上司から指示された仕事をおわらせて提出したところ、後で呼び出されダメ出しをされてしまいました。Aさんは、なぜそういう仕事をしたのか理由を説明しましたが、ダメの一点張りで、対応に悩んだという話です。

やりとりではこのような流れだったようです。

上司がAさんに仕事を頼む
←
Aさんが仕事をする
←
上司が修正を指示する
←
Aさんが仕事の過程を上司に伝える
←
上司からは再び修正の依頼がくる（いいと言われない）
←
Aさんはどこを修正していいのかわからない
←
上司から悪かったところについて明確に答えてもらえなかった（と、思った）
←
Aさんは、上司から評価されていないと感じ、仕事がおわらないと悩む

← Aさんは今後の仕事に自信が持てなくなり、辞めようかと考えている

最終的には、Aさんのお悩みは、上司は自分の話を聞いてくれない。そして評価されなくてつらいというものでした。

人間関係で悩むとき、実は問題に感じているポイントと、解消が必要なポイントが違うことも多いです。

ここで、人間関係で悩んだときに、この三つを気にしてほしいと思います。

一つ目が、**気持ちではなく、事実を並べてみること。**
二つ目が、**自分と相手（上司）の常識の違いを知ること。興味を持つこと。**
三つ目が、**相手と自分のコミュニケーションの違いを知ること。**

この三つを解消することで、悩みはなくなっていきます。

厳密には悩むこともあるかもしれませんが、問題が問題ではなくなっていきます。こ

の視点が非常に大事なのです。

Aさんは、上司から指示を受けて仕事をしたのに、(仕事の出来上がりを) 受け入れてもらえませんでした。

そのためAさんは、「上司から言われたとおりの仕事ができないわたしは、評価されない存在だ」と思い込んでしまい、仕事を続ける自信を失うほどつらい気持ちになってしまったのです。

では、Aさんはどうすればよかったのでしょうか。

Aさんは、「上司が、何を重要視して仕事をしているのか」を把握していませんでした。相手の評価ポイントは、(もちろん会社の規定はありますが) 人それぞれなことが多いです。

そのポイントが**自分とは違うということを知っておくこと**が大事です。

さらに、**重視するコミュニケーションのフェーズがどこなのか**を知らないと会話がすれ違うことが多いです。プロセス (B:過程) 重視で、都度の報告を大事にする人もいれば、結論（C：結果）重視で、的を絞って話さなければ伝わらない人もいます。

今回の事例で、上司はプロセス（B：過程）を大事にしているタイプで、もっとそこを細部まで配慮してほしかったということでした。もっと細かく報告をしなければならなかったのです。

しかし、Aさんは結果(C)が良ければすべてよしタイプだったということです。

いろいろなすれ違いが見えてきますね。

また、それによってどんどん自分に自信がなくなり、自分らしさを否定していくことになっていきました。

つまり、**「違いを知る」ことが、人間関係を良くしていくために大事**だということです。ホンモノの自分に自信をつけるにも、このフェーズが大事になっていきます。

誰も頼れないと思ったときこそ「NO」を受け入れるチャンス！

もう一つ、仕事に関するご相談を紹介したいと思います。

Bさんのお悩みは、上司から許容量以上の仕事を頼まれがちだということ。

Bさんが既に仕事を複数抱えている状態で、他に手の空いている人がいるのに、上司はBさんに仕事を頼むのだそうです。

上司から「この仕事をやっておいて」と頼まれると断ることができません。

「わたしが断れないことをわかっていて、一番言いやすいから仕事がどんどん振られるのだと思います」と話すBさん。もんもんとしながらも、自分の状況を上司に説明することもできていないようです。

仕事ですから、「できません（NO）」と言いづらいことはわかります。ただそれ以上に、「できません」と言うことで、Bさん自身が傷ついてしまうため、「NO」と言えないようなのです。

キャパオーバーなので、できそうにないと伝えるだけなのですが、Bさんのなかでは、「できない＝能力がない」と変換されてしまい、「頼まれた仕事を断る（＝できない）わたしは能力がない」と考えて、自分を否定し傷つけてしまっていました。

自己評価が低い状態にあると、さまざまな事柄を、自信を失う材料にしてしまいがちです。

ですが、たとえ間違っても、簡単に「NO」と言っていても、愛されてしまうような人を見たことはありませんか？　自分がどんな心の状態であるかが、「NO♡」の使い方や、その後の展開に影響していくのです。

似たような事例が、わたしとスタッフとの間にもありました。

あるイベントの反省会でのことです。

自分に自信のあるメンバーは、「これはできたけどこれはできなかったから、次はこうしよう」とポジティブに話し合うことができるのですが、自信のないメンバーは、その言葉に傷ついてしまいました。

単なる振り返りとしての「できなかったから、次はこうしよう」という言葉を、「できなかったね」と、**自分を批判する言葉として受け止めてしまった**のです。

たとえ能力はあったとしても自分を肯定できていない状態だと、些細な言葉で傷ついてしまうのです。

相手の「NO」を否定的に捉えた上でのコミュニケーションで、良好な関係と幸せな自分を作れないということです。

このように、**自分の意見と異なる意見（「NO」の視点）を、自分を見失ったまま受け入れようとすると、自己否定の材料として、ますます意見が言えなくなります。**

ですが、心の状態を変えて、本当の意味で「NO」を受け入れることができれば、頼り頼られる人間関係が出来上がります。信頼のはじまりになるのです。

「NO」を受け入れる心の状態を作ることで、あなたのことを大切にしてくれる人ばかりの世界にも変わっていきます。

あなたが、人を信じることができるようになるからです。

chapter 2

“ニセモノの自分”から脱する方法

―“特別な人”は「比較」と「have to」を捨てている―

心のステージを理解して、幸せな自分になる

「NO♡」も言えるようになり、相手の「NO」も自己卑下をしないまま受け入れることができて、ようやく心地いい人間関係が作ることができます。

ここからは、無意識に〝偽りの自分〟を作ってしまった原因から自分を解放し、ありのままの自分になる方法をお伝えしていきます。

それは、**心のステージ理論**という考えを取り入れる方法です。

この「心のステージ理論」は、アメリカの成長理論や心理学が土台になっているものですが、ステージ3まで上がると、**対等で信頼のある関係が築ける自分になれます。**

願いが叶っていく幸せな人間関係を築くには、ステージを上げていくことが大事です。でも、必ず「上げなければならない（have to）」わけではありません。

心のステージ

ステージ3
自分も他人も尊重できるステージ
主語は「わたしたち」

- 話し合いで「YES」も「NO♡」も活用できる
- 相手の「have to」にも気づける
- 巷のノウハウ書を活用できる
- 自分と違う意見を楽しめる
- 自らをモチベートできる

ステージ2
自分優先のステージ
主語は「わたし」

- 「YES」も「NO」も言えるが、後悔することもある
- 「have to」に気づくことができる
- 巷のノウハウ書を参考にすることができる
- 欠けている自分に気づき、認めることができる

ステージ1
他人優先のステージ
主語は「自分以外」

- 「YES」も「NO」も他者しだい
- 「have to」に縛られている
- 巷のノウハウ書や情報に振り回されている
- 他人優先なので常に自己犠牲がつきまとう
- 無気力になることがある

あなたの苦しさを解放するための道を指す「道標」のようなものです。

大切な相手と関係を深めるために、自分をどう扱っていけばいいのか、他者とのような視点で関わっていけばいいのかがわかるのではないでしょうか。全部で三つのステージがありますから、順に解説しましょう。

ステージ1　他人優先のステージ(主語：自分以外)
ステージ2　自分優先のステージ(主語：わたし)
ステージ3　自分も他人も尊重できるステージ(主語：わたしたち)

ステージが上がる（成長する）ことで、コミュニケーションの質が変わり、自分も他人も変えることができるようになります。

ステージ1　他人優先のステージ(主語：自分以外)

ステージ1に、「他人の欲で生きている状態」にあり、他人の意識をトレースしてい威ある人・尊敬する人なども含みます。

自分の考えや言葉が、自分の経験からきたものなのか、他人や一般常識から出たものなのか、わからなくなっていることも多いです。

素直に話を聞けること自体は素晴らしいのですが、参考にした情報や意見に振り回され、**身動きが取れない状態（have to）を無意識に作ってしまいます。**

「自分には価値がない」「自分にはできることがない。だから誰かの言うことを聞いていたほうがラクだ」という感覚が自分を縛っている状態です。なので、無意識に主語を自分以外の存在に置いてしまうのです。

このとき、「YES」や「NO」は、**他人の反応を見て決めています。**

自分の気持ちからの「NO」は、とても言えませんし、**相手の「NO」を自分への否定と捉えて傷つく**ことも多いです。とても繊細な状態です。

「NO」が言えたとしても、それは「そういう意見が有効そうだから」という他人軸が根底にあり、自分の意見であることが極めて少ない状態になっています。

他人が自分の意見に興味があるとも思えないのです。

また、自分や他人に対する期待値が低い傾向にあり、自己肯定感が低かったり、自己決定が苦手だったりします。失敗してがっかりするくらいなら何もしないという心理状態です。

他人からの批判や不公平な扱いをすぐに受け入れがちで、それによって無気力になり「自分は重要ではない」と感じてしまいがち。

処世術として、違和感も問題も意識しないようにして、波風を立てないよう、無感情になっている場合もあります。**心に深い傷を負ったことが原因の場合もあります。**

一方この時期は、**自分の意思を周囲に伝える方法を学ぶ大切な段階**とも言えます。

ステージ1で出やすい言葉

「上司が何を求めているのかわからない」

「運命の人に出会いたい」

「相性がいい人と恋愛がしたい！」

「彼が忙しくて、なかなか会えない」

ステージ2　自分優先のステージ（主語：わたし）

ステージ2では、自分の行動や感情への不安・混乱をまだまだ抱えています。コミュニケーションの悩みも、まだまだ多いです。ただ、ここでテクニック的に言動を整えることで、自分の評価が上がり、自信もついてきます。

ステージ2にいる場合、自分に価値があるとは思えないけれど、その分能力はある（①）。または、能力はないけれど存在する価値はある（②）など、「何かは欠けているけど、何かはある」と感じる状態になっています。

この①②のパターンを説明しましょう。

①は、優秀でなければならない（have to）という気持ちが強く、自分を過小評価するパターンです。自分よりできないと感じる人を下に見てしまいがちで、自分より優れていると感じる人には劣等感を覚えます。そのため自己嫌悪に陥りやすく、自己肯定感をさらに低下させがちです。

②は、自分は何もできないと思い込んでおり、自分や他人への期待が低い状態です。自己卑下により情緒的に疲れて、爆発することもあります。一方で愛嬌《あいきょう》があるので、周りはリラックスして会話ができる〝愛されキャラ〟化しています。

「YES」や「NO」は言えるのですが、**他人と比較してしまい、根底で自分の価値を感じられていない**ため、不安や恐怖から「NO」と言えない状態に陥ることもまだまだあります。

また期待している反応が返ってこないと、思った以上にがっかりしてしまい、猛烈に反省したり、後悔したりすることが多いです。

もしくは、自分の「NO」が言えても、相手の「NO」には傷ついたり、自分の「N

O」は言えないけれど、相手の「NO」は聞き入れるなど、偏っている状態になりがちです。

自分の気持ちに多少の嘘をつくことで関係が続くと思っていることもあり、自己犠牲まではいかずとも、我慢した状態も多くなります。

ですが、**ここで自分の決定を大事にすることが重要**です。

自分の意見にまずは、すべて「YES」と言うこと。

今まで読んできた本に「こんなときは○○しましょう」と書いてあっても、自分の意見を聞くこと。**自分軸を意識し、自己肯定感を育てながら、新しい自分を知る挑戦が重要になります**。

他人との比較をやめるなども、自分を知る挑戦になります。

それが自分の意見を伴う「NO♡」が言える心理状態を作っていきます。

ステージ2で出やすい言葉

「自分をわかってくれない人がいる」

「やりたいことがあるけど、自信がない」

「人の目が気になって、自分らしくふるまえない」

「なかなか彼が言うことを聞いてくれない！」

「付き合うことはできても、その先に進めない」

「自分に合う人がいない」

「付き合ったら彼が変わってしまった」

「ずっと我慢してきたと気づいたけど、どうしていいかわからない」

「幸せではあるけど、なんだか物足りない気がする」

ステージ3　自分も他人も尊重できるステージ（主語：わたしたち）

ステージ3は、自分自身の能力や価値を高く評価し、自分を肯定的に受け入れられる状態です。他人優先のステージ、自分優先のステージを経て、ステージ3で自分も他人も尊重できるようになります。

相手もまた、同じ状態であると信じているので、たとえ相手から「NO」と言われても、それを肯定することができます。この状態が、32ページでお伝えした「YES」も「NO」も偏りなく、両方持っている状態です。

この状態になっていれば、たとえ意見が対立したとしても、**お互いの意見をすり合わせた〝わたしたち〟の意見・方向性を考えることができます。**

では、ステージ3に進むには、どうすればいいのか。

それは、**人と比較しないことです。他人と自分は違うと理解できると、他人と比較しなくなり、自分の価値観や目標に向き合うことができます。**

人はそれぞれ異なる価値観を持っていますから、同じ言葉であっても人によって受け取り方はさまざまです（これについては後ほど詳しく解説します）。

比較には意味がないと知り、さまざまな事柄に、それぞれの人がどう感じ、どう考えるのかを知ることで、より良いコミュニケーションができるようになります。

そうしてステージ3に進めると、自己決定力が高まり、否定的な言葉をポジティブに切り替えられるようになります。

この心のステージ理論は、わたし自身の成長を促してくれたものでもあります。無意識の自己犠牲をしていることにも気づけたのです。

以前、わたしはよく、自分の失敗談をあっけらかんと話していました。ですが、実はこの行為に自己卑下が含まれていたのです。

自分には能力がないと思っていて、その気持ちを隠すためにやっている部分があると気づけました。

その渦中にいたときは、決してつらいと思ったことはありませんでした。ですが、人間関係に少しの違和感はあったのです。その理由が無意識の自己犠牲だったとわかってスッキリしました。

もし、あなたが気持ちに窮屈さを感じていたり、より良いコミュニケーションを手に入れたいと思ったら、心のステージ理論と照らし合わせてみてほしいと思います。

「もっと〇〇したい！（勇気や挑戦が根底にある言葉）」

「新しいことにチャレンジをしたいんだけど、わからないことも多いし調べてみるね（他者の意見や情報を、自分のために怖がらずに取り入れられる）」

「わたしはこれがしたくて、パートナーはこれがしたい。どうしたら二人の希望を叶えられるかな？（相手も自分も尊重する言葉）」

愛のあるコミュニケーションの基本は〝わたしたち〟視点

Chapter1でご紹介した「恋愛指南書のとおりにやったのに、全くうまくいかない」というご相談を例に、心のステージ1、2、3について見てみましょう。

「恋愛指南書に〝デートの誘いの期限は3日前まで〟とあったので、2日後のデートの誘いを断った」は、ステージ1のコミュニケーションになっていたことはわかりましたよね。他人軸の「NO」を、自分の意見だと思って話しているけれど、実行した後に後悔が出たのはなぜでしょうか。

そしてその後悔が、特に自分のことを苦しめてしまっています。

この後悔を起こしてしまっている、本当はいらない常識（have to）から、自分を解ステージ2のコミュニケーションの場合は、「恋愛指南書に書いてあったし、そうだと思うからこそ、〝わたしが〟断ることを決めた」になっていきます。

わたしが決めているので、自分軸の「NO」になりますよね。

ただこの時点の「NO」には、彼の存在はありません。だから結果として「会えない」ということになることもあります。

ですが、「NO」を言えたことを素直に喜びましょう。まず**自分の意見を自覚していけるようになっていることや、自分を認めることが大事**になります。

この段階では、結果どうこうではなく、自己決定した自分を肯定する気持ちが大事になっています。

それが、ステージ3になると、「〝わたしたち〟はデートしたいの？　したくないの？」という双方視点でのコミュニケーションになります。

そして、「わたしはデートしたい」「あなたはデートしたい？」「〝わたしたち〟のスケジュールをいつ合わせられる？」という、行動と結果をすり合わせるためにコミュニケーションができるようになります。主語が変われば、見える世界が変わるのです。

この本を読んでいる人が行えるようになってほしいコミュニケーションとは、ステージ3の「わたしとあなた双方の幸せ」を考えられるものになっています。

ステージ1のコミュニケーションにも、ステージ2のコミュニケーションにも、いずれも犠牲者のような気持ちになる人が出る可能性があります。

ステージ1は自分が犠牲者になりやすいです。会いたい彼に結局会えない。

ステージ2では、彼の意思が反映されていないので、彼が犠牲者になる可能性もあります。

たとえば、わたしたち夫婦が晩ご飯の話し合いをするとき、最初はこんな感じでした。

「わたしは焼き肉食べたい」

「おれは寿司が食べたい」

結局どちらかが妥協するしかありません。


「〝わたしたち〟今日の晩ご飯はどこで食べる？　何の気分？　和食の気分？　ガッツリなものが食べたい？」

「いつもの中華屋さんで、季節の食材のメニューが美味しそうだったよ」

「それもありだけど、でも今の時期に〝わたしたち〟に必要なものはなんだろう？」

「夏バテ気味だし、健康的なものを食べたいから、鰻を食べに行こうか」


ここではじめて、ステージ3同士の会話ができたことになります。

話がコロコロ変わっているように見えるかもしれませんが、意見の擦り合わせのコミュニケーションは、このようにさまざまな方向に話が飛んだりします。

大事なのは、相手の話を聞く準備ができており、さらに相手の意見を聞いて自分の話もできること。

ステージ3の〝わたしたち〟が主語のコミュニケーションは、**お互いに意見を言い合うことで方向性が決まり、第三の選択肢が出てくる**のです。

恋愛だけでなく、仕事のときも同様です。

たとえば仕事中、進捗が遅れているプロジェクトがあったとして、自分も忙しいけれど、プロジェクトのゴールに向けて「わたしがやります」「最終確認は僕がします」と手を挙げた後、さらに仲間に「一緒にやってほしい」などコミュニケーションが取れるようにもなります。

全体にとって有効に働くということがわかって主体的に行うことができるようになることで、誰かが犠牲になる関係ではなく、状況によって最善の選択、Win-Winの関係を作れると信じて行動ができるのです。

また、上司といい仕事をしようというゴールが共有されているときは、「わたしだけでやってもうまくいかないと思う。この仕事は誰か他の人が必要かもしれないですね。探してみましょう」という提案までできるようになります。

信もないので、できないと言えます。

そして、投げ出したいわけではなく自分をどう活かして貢献していくことができるか信じることができている状態です。

この状態になっていないときは、自分の「NO」を受け入れてくれる人なんていないと思うこともあるでしょう。

できないということに対して不安になることもあるでしょう。

ですが、自分の「NO」を受け入れ、他者の「NO」も受け入れることで、信頼の土台ができます。その信頼から、お互いに頼りあえる関係ができるのです。

現実と自分の間にあるもの

たとえば、恋愛のよくあるお悩みに「彼から連絡がない。わたしはどうすればいいのでしょうか」というものがあります。

自分が身動きができない状態になっているというご相談です。どうしてそうなってしまっているのでしょうか？　考えてみてほしいのです。皆さんの悩みの解消方法がわかってくると思います。

実はこれは、皆さんの人間関係を変えるヒントになっています。「have to」の解放につながって、本当の自分を見つけることにつながります。

気持ち（A）↓彼から連絡がないことで寂しさを感じている。

思考（B：過程）↓連絡が来ることが愛情という考え方がある＝彼から連絡がくるのが当たり前だと思っている。ゆえに、自分から連絡をしてもいいかわからない。

目的（C：結果）↓彼からの愛情がない状態だと認識していて、どうすればいいかわからない。


まず、この女性のなかの常識（考え方や価値観）が、彼女を縛ってしまっているのがわかりますか？　自分が持っている考え方が、自分を迷わせてしまうことがあると気づくのではないでしょうか。


彼女は、彼が動くことしか考えられないので「どうしたらいいのでしょうか」という相談になっていますね。

彼の言動に対しての解釈も自分を苦しめるものになってしまっています。彼からの連絡の頻度が愛情とは限らないのですが、それもこの考え方があるうちはご本人には聞けません。

そして、彼から動いてほしいけれど、その方法もわからないのです。自分から何を話していいか、考えもしたことがないからです。

「連絡は男性からくるもの」「女性は男性から選ばれなければならない」という「have to」の思い込みがあるので、受け身になってしまうのです。今回のご相談のときは、結論的には、彼に自分から「会いたい」と言えていませんでした。このコミュニケーションは健全でしょうか？

彼も関係を育みたいのに、自分から動かないと、二人の関係が動かないのは想像もしていないかもしれません。関係の構築が、一方的になるのは不自然なのです。

現状では、(A)の「彼から連絡がない」という出来事自体を変えることはできないので、Bを変えてみましょう。

決めるもの。

目的（C：結果）↓自分の空いている予定を彼に送り、予定を合わせる。

（B）にひそむ自分を縛っている解釈（have to）がなくなると、自分の言動がクリアになります。考え方が変われば、行動が変わる一例ですが、コミュニケーションを取る上でこの考え方が非常に大事になります。

この時のご相談は、心のステージ1の人の特徴が色濃く出ていましたが、ここから自分の幸せな行動ができるように「have to」を解消していきましょう！

「have to」の思い込みに気づく

彼との関係や職場の人間関係、夫婦関係などで悩み、「どうしたらいいのかわからない」という結論になってしまっている人は、考え方に「have to（しなければならない）」が潜んでいることが多いです。

心のステージ1の場合は、これで苦しんでいることがほとんどです。

「have to」とは、多くの場合は他人からの教育で出来上がってしまっている常識・価値観です。この独自のルールを自分軸で作り直すことが心の成長の段階では必要になってきているのです。

決して周りを参考にすることが悪いわけではなく、認識した苦しい常識を、自分自身の新しい常識に書き換える経験が、あなたらしさを創るには必要だということです。

彼女は、その男性とお付き合いしたい気持ちはあるのですが、いつも食事が割り勘になることを気にしていました。ご馳走されないということは、彼には付き合う気持ちがないのかもしれないと感じたそうです。

いつまでもこのままでは嫌だ、関係を変えたい、結果を変えたいと考えた彼女は、彼に自分の食事代を「払いたくない」と言ってみました。

勇気を出して、「NO」を伝えたのです。

ですが、これが相手を不快にさせてしまったということでした。

なぜなら、彼女の考え方に「プロポーズされる女性はご馳走されなければならない」という「have to」があって、この思い込みを話さずに彼に一方的に「NO」だけを伝えてしまっていたのです。

「NO♡」が大事だとこの本では伝えていますが、「NO♡」を言える状態とは、「自分の意見（考え）が言える状態」であることでしたよね。

勇気を出して伝えたこの「NO」には、もしかして怒りや癇癪《かんしゃく》の感情が含まれていたのではないかと気づいてほしいのです。あくまで本書の「NO♡」は信頼関係を築く土台を作るためにあります。感情的に、相手を否定することではありません。

彼に「食事代を払いたくない」という「NO」を伝えたのは、ご馳走してほしいからではなかったのですが、それは彼に伝わっていませんでした。

後から聞いた話ですが、むしろ彼の方は「結婚を考えているからこそ、今は割り勘がいい」ということだったそうです。

当初相談があった女性は「プロポーズされる女性はご馳走されなければならない」と信じ込んでいたので、彼がそんなことを考えているなんて夢にも思っていなかったようです。

ステージ1が持っている無意識の「have to」は、相手の意見を一方的に決めつけてしまうことも多く、相手を不快にしてしまい、より関係が悪化することがあるということです。

勘違いしてほしくないのですが、「プロポーズされる女性はご馳走されなければならない」という思い込みがダメなわけではなく、ステージ1だと自分の思い込みがあるゆえに、相手の考えと言動を聞けないからこぼれてしまうということです。

人間関係全般の「have to」

・期待に応えないと価値がない
・役に立たなければならない
・偉い人に従い認められるべきだ
・自分は何も与えられない
・わかりあうには自分が我慢しなければならない
・自分から欲しがってはいけない
・わたしにはもったいない
・自分が我慢すればすべて丸く収まる
・人の意見を尊重しないといけない

恋愛・パートナーシップの「have to」

- 何かしないと出会えない
- 女性は男性から選ばれないといけない
- 男性から好かれないといけないから反論してはいけない
- 賢い女はモテないから馬鹿なふりをしなければならない
- 男性から誘われないといけない
- 結婚したら自分の時間はない
- 家族を安心させるために結婚しなければいけない
- 彼氏・夫がいないと惨めだ
- 男性に〇〇してもらえないと好かれていない！
- 男性は、友人から彼女に昇格することはないと考えている
- 女は可愛げが大事！
- 賢い女は牽制される
- 彼がデート先を提案してくれないときに愛されていないたい

・彼が決めたことに従わなければならない

「have to」が多いと、関係が拗れる

先日、Cさんから、「彼がわたしと会うことに時間を割いてくれなくなった」とご相談がありました。

いつからそうなったのかよくよく聞いてみると、二人でこれからのことを話し合う時間を持った後だと言います。

話し合いでCさんは、彼に「もっと仕事で活躍している姿を見たいし、もっと稼いでいるあなたを見たい」とお伝えしたようです。彼は会社員で平日は会社勤めをし、主に土日にCさんと会って、楽しい時間を過ごしていました。

ところが、この話し合いの後、「しばらく土日に会うことができなくなる」と言われてしまったそうです。

これは、Cさんが「稼いでほしい」と言ったことで、彼を怒らせてしまったわけではありません。彼はどうしたらもっと稼げるようになるかを考え、土日に副業のための勉強会へ通うことにしたのです。平日は会社勤め、土日は勉強会に出るため、Cさんと会う時間が減ってしまうということだったのです。

ところがCさんは、そのことで、自分の優先順位を下げられてしまったと不満を感じているというご相談でした。

彼にとってCさんの優先順位は下がっているでしょうか。

実際には、その全く逆で、**優先順位が高いからこそ、彼は「稼いでほしい」というCさんの願いを叶えるために行動してくれていた**のです。

Cさんの希望を優先した結果、二人で会う時間が減ってしまったのでしょう。ちなみに、土日は会えないけれど、平日の夜には会っていたようです。

明らかに彼にとっての優先順位の1位はCさんだったのではないでしょうか。でも、Cさんにはそう思えない。それは、なぜでしょうか。

Cさんにとって「優先順位が高い＝会う時間は最優先」という考えがありました。

つまり、愛情の尺度がデートをしてくれるとか、自分に一番に会いに来てくれるということでした。それがCさんの「have to」であった「好きな女性とのデートを最優先にする」や「男は稼ぐもの」という考えを疑っておけば、もっとコミュニケーションが取れていたのではないでしょうか。

なぜこれが彼女の「have to」だと気づけたかというと、その自分の考えによって彼女が動けなくなっていたからです。

そして彼の愛情がなくなっているかもしれないと戦々恐々としていて彼女はなかなか彼の話を聞けなかったのです。

自分が持っている常識や考えによって動けなくなっているときは「have to」ではないかと疑ってほしいのです。

自分の「have to」を見つけた後にもともと持っていた常識を変えることにして、彼に「なんで会えないの？」と聞くことができました。彼女との未来のために仕事をしていた素敵な彼と関係を築けるようになったのです。

「have to」が多いと、「いいね！」が押せなくなる

「have to」が多い人の特徴で、「自分が疲れてしまうほど完璧主義」というのもあります。完璧主義が強くなり過ぎると、SNSが怖くなる人もいます。自分の意見や立ち位置を明確にすることが怖くて、「いいね！」すら押すことができないのです。

「いいね！」ができないのは、失敗したくない、失敗するのが恥ずかしいと思うから。「正しくなければならない」の「have to」があると言えます。

過ぎた完璧主義であり、恥の感覚が強すぎると本来の目的より恥ずかしさが先に立ち、失敗を恐れて行動ができなくなる。これは、アメリカの精神科医であるデヴィッド・R・ホーキンズ博士が、著書『パワーか、フォースか　人間の行動様式の隠され

た決定要因　改訂版』（ナチュラルスピリット）のなかでも教えてくれています。

人が感情にどれだけ影響を受けて、行動が変化するのか。

行動できない背景には、恐怖の感情があることもあります。

恐怖の感情は、引っ込むという行動に紐づいているため、恥ずかしさと怖さが強いと、引っ込み思案に拍車がかかります。

他の人にどう思われるかが気になって、「いいね！」ができないのは、誰かに「正しくないよ」と言われることが、恥ずかしくて、怖いからとも言えます。

もしかしたら、あなた自身が誰かの「いいね！」を見て、「その〝いいね！〟は正しくないよ」と思うこともあるでしょう。

ステージ1は、他人の評価に過敏に反応します。だからこそ、他人を評価することにも多感です。こうした状況では、無意識に他人と自分を比較してしまいます。

感情はわたしたちを思った以上に縛っています。ですがこのように**感情があるからこそ、自分の無意識の常識に気づけます。**

ぜひ自分の感情に敏感になっていってほしいと思っています。

「have to」が多いと、人を褒められない

自分の個性に卑下が入っているときは、ステージチェンジのタイミングです。

そもそも人を褒めるとき、他の誰かを下げることで対象者を褒めていることはありませんか？　なかなか自分軸で人を見ることができずにいるときにこんなことが起こります。

たとえば、婚活中の女性がよく使う褒め言葉に、「この前にデートした人と違って、お店選びのセンスが素敵だなって思いました！」などがあります。

実は、これは褒め言葉ではありません。相手は誰かと比較されているという時点で少し気持ちが下がります。

逆の場合を考えてみましょう。あなたが「前の彼女より、気が利くから好きだよ」と言われて、ものすごく嬉しいでしょうか？

誰かを下げることで誰かを上げるコミュニケーションの裏には、自分自身の自信のなさから、**他人軸でしか人のいいところが見えない**という自分がいるのです。

こんな状態のとき、よく思われたいと思う相手には、特に好きな人や上司に対しては「ＹＥＳ」と言ってしまいがちです。

評価軸が明確でなければ、自分の気持ちは話せません。**「NO」という選択肢が自分のなかで生まれることで、対等なコミュニケーションができるようになる**のです。

誰かを褒めるときに「〇〇さんよりすごいですよね」と言ってしまう人は、コミュニケーションに比較を取り入れがちです。

これがマウンティングであることに気づいていないことも、人間関係を気持ちよく作れない理由にもなっています。

目の前の人を純粋に褒めたいのなら、あなたは自分軸を作る必要があります。

たとえば前述のデートの事例の場合、「選んでくれたお店の〇〇が美味しかったし、接客もいい感じだったね！」など、自分の評価軸が必要になるのです。

心のステージ1の〝人を比較でしか見られない状態〟から、ステージ2に進むためには、**〝評価軸も自分で作ること〟が必要**になります。

わたしも以前は同じような行動をしていましたが、それに気づいたのは自分軸でコミュニケーションが取れる人と一緒にいたからです。

たとえば、わたしの夫は自己肯定感が高く、会話のすべてが自分軸になっていました。他人と比較するような褒め方は一切しません。

「まゆは、○○さんよりいいね」といった褒め方は一度もされたことがありません。主人の態度に接して、わたしも自然と比較をしないようになりました。比較しない人が近くにいると、比較に気づくことができます。

「have to（思い込み）」から解放されると、比較をやめられます。

そして他人の目から自分を解放することで、「いいね！」や「NO♡」を伝えることができるようになるのです。

自分と同じように考える人探しはおわり

友だち、同僚、パートナーなど、「人間関係を変えたい！」と思っている方で、「自分と同じように考える人がいればいいのに」という方もいます。

もちろんそれもいいのですが、**人の違いを理解したほうが人生は発展していきます。違いを理解することで、「比較」も手放すことができます。**

先ほどの「いいね！」が押せない問題も、自分と誰かを比較しているからこそ、起こる問題です。

そのポストを「いいね！」と思うかどうかは、人それぞれ。「いいね！」が押されているかどうかが気になるのも、実は人によって感じ方が違い、全く気にならない人も意外と多いものです。

1億人いたら、1億通りの考え方があると言いたいところですが、わたしの講座では、「人はそれぞれ違うもの」を理解してもらうために、五つのタイプをご紹介しています。

これだけで、考え方の違い、言葉の使い方の違い、行動の意図の違いなど、何もかも違うことがわかります。

では、その五つのタイプを次のページから解説していきましょう。

タイプ1　負けず嫌いタイプ

コミュニケーションは結果(C)が大事で、自分も結果(C)から話したい。

ポイント

自分の価値観を重視して大事にしている。芯が強く、自分に大きな自信を持ち、心身ともにタフな傾向。自分にも他者にも、〝強さ〟を求めるタイプです。

プロセス（B：過程）をわかってほしい人は、負けず嫌いタイプと話の重要度の違いからコミュニケーションミスが起こることがあります。伝える場合は、曖昧な表現ではなく率直に意見を言うことが重要です。

自身の経験、自説へのこだわりが強く、他人の意見を理解するのに嚙み砕く時間が必要です。

本来は、感情を素直に表現して、自分の思ったとおりに行動し、さっぱりした気性の持ち主です。このタイプを理解し、上手に付き合うためには、この率直さとタフさを尊重することが大切です。

つきあい方

× 相手に合わせるなど、譲歩的なコミュニケーションは相手に伝わらない

○ 行きたいところ、やりたいことは率直に言う

タイプ2　自由謳歌タイプ

気持ち（A）によって求める結果（C）が変わるが、コロコロ（A）と（C）が変わることを咎《とが》められるのが苦手。

ポイント

感覚に敏感なタイプ。仕事や人間関係も、直感や感性を重要視している。規則で縛られたり、命令が多かったりすると、才能は発揮されず、最悪の場合、突然連絡が取れなくなることもあり。

とにかく今の気持ち（A）が最優先だが、この気持ち（A）の部分が変わることが多い。それは直感力や多感ゆえで、責めるようなコミュニケーションはしないほうがいい。不快さを嫌い、スマートな行為や清潔な身なりを好みます。このタイプと上手に付き合うためには、柔軟で気配りのある対応が求められます。気分屋な一面を楽しんでくれる関係を築くことが大事です。

つきあい方

× コロコロ変わる気持ちに不信感を出す

○ 今日したいことが昨日言ったことと違っても、一緒に楽しむ

タイプ3　人気者でいたいタイプ

プロセス（B：過程）が大事で、それをわかってほしいし、話していきたい。気持ち(A)を大切にしたいが、自己犠牲が過ぎると自分の気持ちも無視して話すこともなくなる。

ポイント

サービス精神を発揮している行動派！　自分も丁寧なコミュニケーションを大事にしますが、相手も大事にしてくれることを望んでいます。

人付き合いを大切にし、人間関係のトラブル解決にも積極的に取り組みます。ただし、まじめすぎるきらいがあるため、意図的に息抜きを促さないと過労に陥ることも。

怠慢や大きな態度を嫌うので、その点には注意が必要です。細やかな気遣いやまめに働くことで、このタイプからの好印象を得ることができるでしょう。

つきあい方

× 「はっきり言ってよ!」など、責めるような言葉は傷つきやすい

○ 相手の言葉や考えを聞いてから自分の意見を言いたいので、曖昧な言葉のときにも優しさだと認識しておく

タイプ4 誠実愚直タイプ

言動、プロセス（B：過程）が大事。結果(C)につながっていることをやっている自信が大事で、そこを評価されたいし、重要視している。

気持ち(A)はうちに秘めていることが多いが、人の気持ち(A)を聞きすぎるとメンタル的に参ってしまうこともある。

ポイント

道徳を重視するタイプで、ルールが大事。仕事では、自分にも部下にも厳しく接しますが、基本的には目上を敬い、目下の面倒をよく見ることが多いです。

人の目や他人の評価を非常に気にしますが、その特性を上手に活かすことで、周囲からの評価を高め、さらに成長することになります。

結果(C)も大事ではあるので、負けず嫌いな一面もコミュニケーションにおいて出てきます。公の場で身勝手な言動を取る人、気持ち(A)や考えがコロコロ変わる人と一緒にいるとストレスを感じやすくなります。

つきあい方

× 目の前の人の気分や気持ちがコロコロ変わると、対応しかねて自分の評価が下がってしまう

○ 慎重なことを評価する言葉が重要

タイプ5　賢さ重視タイプ

結果(C)に対して、プロセス（B：過程）の探究心を大切にしている。プロセス（B：過程）に関して話が長い傾向があり、ゴール（C：結果）を見いだせれば、黙々とこなすことができる。プロセス（B：過程）の精度の話が好き。気持ち(A)の話は度外視することが多い。そもそも(A)(B)(C)共にほとんど人に話さない。

ポイント

知的好奇心の塊タイプ。コツコツと物事を続けることが得意で、とことん突き詰める姿勢を持っています。そのため、秀才と思われることも多く、まるで『ドラえもん』の〝出木杉くん〟のような存在感を放つこともあります。

計画性に優れ、何事も慎重に、一つひとつ丁寧に考え行動します。よって人からの信頼も厚く、確実に成果を上げることができます。

ただコミュニケーションにおいて、自己開示が少なく、秘密主義と勘違いされることも。

つきあい方

× 感情的な話や、結論(C：結果)が途中でわからなくなると興味を失ってしまう

○ 自分の意見や考えが明確な話なら、聞き役になることも楽しめる

違いを知って、比較を手放す

先ほどのタイプ分けは、決して枠にはめようと思っているわけではありません。

心理学において性格を表す一つの方法に「類型論」というものがあります。

その特質・特性によって分類し、分類結果を考察すること、および、心理学や人間学の立場で、同様に人間行動を類型を用いて、その個人を全体的に把握しようとする方法論です。


本書では、価値観の基準や好みの傾向を五つのタイプに分けました。

五つのタイプを見て、どう感じましたか。まずは、いろんな人がいるなと思ってもらえればと思います。

ここでは人をタイプ分けすることが目的ではなく、五つのタイプに分けられることを知って、他人と自分を比較したり、「こうであるべき」といった思い込みでものごとを見ることをやめられるようにすることが目的です。

タイプが違えば、おのずと言動や考え方の傾向が変わってきます。

たとえば、あなたが彼に、次のような相談をしたとしましょう。

「仕事でこんなことがあって、しんどくて……」

「悩んでいるなら仕事を辞めたらいいんじゃない？」

「え、そこまで悩んでいたわけじゃないんだけど……。なんでそういうこと言うの？」

ちょっと相談しただけのつもりが、仕事を辞めることを提案されてしまい、あなたはとてもびっくりします。

でも、この発言の理由もタイプ別に全く違う意図が隠されているのです。

彼の「悩んでいるなら仕事を辞めたらいいんじゃない？」が、タイプ別にどのような意味を持っていることが多いのかを見てみましょう。

タイプ1　負けず嫌いタイプ
「好きなことをした方がいいよ!!　我慢しないでってことだよ！」

タイプ2　自由謳歌タイプ
「もっと自由な職場がいいんじゃない？」

タイプ3　人気者でいたいタイプ
「悩みを打ち明けられる上司がいないとつらいでしょう？」

タイプ4　誠実愚直タイプ
「その会社のルールが合わないなら考えたほうがいいだろう」

タイプ5　賢さ重視タイプ
「悩みを打ちあけた時点で、もう結論が出ているのかと思ったから」

たった五つのタイプだけでも、反応が大きく異なることがわかって驚きましたね。こんなに人それぞれ違っていると考えると、悩んでいること自体、あまり意味がないように思えます。

また、比較をやめるだけで、自己肯定感が上がり、心のステージも上がる方もとても多いのです。誰かの真似をしても仕方がないと気づく方もいるからです。

もちろんタイプ・性質は、環境要因、周りの人間関係で変わってきますが、基本的な価値観や、好ましいコミュニケーションの傾向を知ってもらいたいと思います。

特に、**相手の性質によって悩みの解消の傾向が変わる**ことを知っていると、コミュニケーションがラクになります。

さらに、**相談の仕方を変えるだけでも、関係性が変わっていきます。**

違いを知って、比較をやめて、目の前の人の好みを知ることで良好な人間関係を作っていくためにあるタイプわけです！

chapter

3

愛とお金が巡る「NO」の使い方

—お金が巡る自分になる—

幸せな未来を叶える自分を知るための「価値の序列」のワーク

Chapter3では、「NO♡」の魔力が使える女性になって、理想の人間関係や現実を生きられるようにしていきましょう。

本当の自分を知る方法として効果的なのが、**「価値の序列」のワーク**です。

私自身もこのワークによって本当に望む自分を知って現実化することができました。

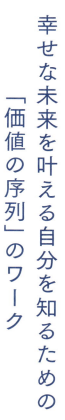

自分が何を優先するかによって、人生は大きく変わります。その優先順位をはっきりさせるのが価値観の把握です。そこで、自らの生活を振り返って、自分の価値観を改めて考えてみましょう。

人間の価値観は、八つのカテゴリーに分かれています。この八つのカテゴリーに対して、無意識につけている優先順位が、どのような順番になっているのかを知ることで、皆さんの人生を望む方向へ進めていくことができます。

「価値の序列」の八つのカテゴリーは、次のとおりです。

- **人間関係**（恋愛、友人関係、パートナーシップなど）
- **お金**
- **仕事**
- **家族**
- **健康**（美容）
- **知性**
- **セクシャリティ**（性、女性らしさ）
- **スピリチュアル**

これらのカテゴリーにかんして、1）から4）の質問に答えていってください。このなかで、あなたが大切だと思うものを上から3つ書き出してみましょう。

1 まず、八つのカテゴリーのなかであなたが大切だと思うものを上から三つ、順番に書き出してみましょう。

優先順位1番

優先順位2番

優先順位3番

2 続いて、次の六つの質問に答えましょう。そして、それが八つのカテゴリーのどれに入るのか、それぞれの設問について書き出してみましょう。

たとえば「食事の時間」と答える場合、それを「健康(美容)」のカテゴリーに入れる人もいれば、「人間関係(恋愛、友人関係、パートナーシップなど)」のカテゴリーに入れる人もいます。

重要だと思う要素をどのカテゴリーに分類するかは、あなたの自由です。

1
あなたが最も時間を費やしているものは何ですか？
価値観のカテゴリー／
具体的に／

2
あなたがよくお金を使うものは何ですか？
価値観のカテゴリー／
具体的に／

3
あなたが最も身近に置いて大切にしているものは何ですか？
価値観のカテゴリー／
具体的に／

4

あなたがよく考えていることは何ですか？

価値観のカテゴリー／

具体的に／

5

あなたは他人とどんな話をすることが多いですか？

価値観のカテゴリー／

具体的に／

6

あなたはどんな目標設定をすることが多いですか？

価値観のカテゴリー／

具体的に／

3

2の結果、それぞれ優先順位が高いのは、どのカテゴリーだったか書き出してみましょう。

優先順位					
1	2	3	4	5	6

(1)〜(6)は、(1)〜(3)が具体的な行動、(4)〜(6)が思考（望んでいること）と、二つに分けることができます。(1)〜(3)と(4)〜(6)のカテゴリーは一致したでしょうか。

実は、（1）～（3）と（4）～（6）の答えが一致しない。もしくは、真逆になってしまう人も意外と多くいます。思考と行動が一致していない＝ねじれてしまっている人ほど、「望みが叶わない！」ともがいている可能性があります。

たとえば、具体的な行動である、（1）の「最も時間を費やしていること」が仕事、（2）の「最もよくお金を使っていること」が仕事のための勉強（知性／仕事）、（3）の「身近に置いて大切にしているもの」が本（知性／仕事）。

思考である、（4）の「よく考えていること」が彼のこと（人間関係）、（5）の「よく話すこと」が彼との結婚（人間関係／家庭）、（6）の「目標設定」が今年中に彼と結婚すること（人間関係／家庭）だったとしましょう。

具体的な行動は、仕事の優先順位が高いのに、思考は、彼との結婚の優先順位が高くなっています。このねじれが、悩みを大きくしていることがあるのです。

なぜなら、**言葉と行動が一致していないこと、自分で悩みを解消できないことで、自分責めをしてしまうことも多い**からです。

「今年中に彼と結婚したい」と望んで、友人にも話しているのに、実際には何も進んでいない。それを責めてしまう。

ステージ1の場合、言葉と行動の不一致で悩んでいる人もとても多いのです。

そんなときに認識している優先順位は、実は、「have to」で順位をつけている可能性があります。

そこで、Chapter2の心のステージ理論に立ち返って考えてみましょう。

この**「価値の序列」は、皆さんの現在の心のステージも教えてくれます。**

望んでいる未来と行動が一致していない場合は、他人軸に振り回されている可能性があり、苦しい状態になっているかもしれません。

「have to」を解消して、皆さん自身の自分軸で、満足な人生を叶えるには、本当はどうすればいいのかを考えてみてほしいと思います。

この満足度の高い人生が、人間関係の充実にも深く影響します。

ステージ2になれば、徐々に納得して自分の優先順位をつけられるようになります。

たとえ、思考と行動が一致していなくても、「自分で悩みを解消できる」と自信も出てくるので、あべこべでも大丈夫です。

また、人生において新しく何かを望んだときに、その望みが「価値の序列」のトップ3までに入っていない場合があるかもしれません。

そんなときは、**時間とお金の使い方から見直すと、ステージ2の自分軸が強化され**ます。自分自身への信頼も増していくでしょう。

4 あなたが本当に望む「価値の序列」は、どんな順位ですか、改めて三つ書き出してみましょう。

優先順位1番

優先順位2番

優先順位3番

「価値の序列」がわかると本当の自分に出会える

先にも述べたCさんと彼の例ですが、心のステージが1にあり、「have to」まみれだったところから脱出できた後、この「価値の序列」のワークをしてもらいました。

彼女が大事に思うカテゴリーは「家族」と「人間関係」でした。

しかし、彼の優先順位は「仕事」が最も高く、彼女のリクエストの「仕事をしてもっと稼いでほしい」の言葉に感化されて、さらに時間も使うようになりました。

その結果デートの時間が減ってしまったのです。

Cさんは、「仕事」の優先順位がそこまで高くありません。だから、なぜ突然そんなに仕事に打ち込むのかわからなかったのです。

彼がCさんに会う時間の優先順位が下がったことで、幸福度が下がり、Cさんは不満を感じていました。Cさんの価値観の優先順位は、人間関係（彼を含む）が上位だったからです。

ですが、思わず彼に「もっと稼いでほしい！」と話してしまいました。

この「稼いでほしい」自体が、そもそも「have to」だったのではないでしょうか。「男は稼いでいたほうがいい」「自分の彼氏は仕事ができなければならない」などが考えられます。

実際はそこまで優先順位が高くなかったけれど、「そのほうがいいかもしれない」という他人軸からの要望だったのです。

その「have to」からのコミュニケーションで、不安になってしまっていたのです。

くり返しになりますが、**コミュニケーションには、自分の価値観と優先順位を知っていることが重要**です。

自分の価値観の優先順位を知るには、ステージ1の「have to」を解放することが重要だということが伝わりましたでしょうか。

自分がわからないままだと、目の前の現実に心がブレてしまいますし、大切な人に不信感を持ってしまう可能性さえあります。

「価値の序列」の事例として、わたしの夫の話をご紹介しましょう。

わたしが夫と付き合いはじめたとき、夫の「価値の序列」の優先順位1番は「健康」でした。「健康」の次が「家族」です。

「仕事」も「お金」も、それほど優先順位は高くありませんでした。稼ぐことへのモチベーションも、全くありませんでした。

そこで、彼の「価値の序列」の優先順位1番の「健康」に関して、優先順位を大事にする自分になれるようにコミュニケーションを多く取りました。

夫もわたしも『アイアンマン』の主人公トニー・スタークが大好きです。

トニー・スタークは、心臓のペースメーカーも兼ねたパワードスーツを開発し、アイアンマンとして活躍するのですが、「心臓がなくなっても自分でどうにかできるのなんて最強だよね」「トニー・スタークになるにはいくら必要なんだろうね」という話になりました。

冗談みたいな話ですが、こういうことをわたしたちは真剣に話したります。

そこで彼のなかで価値観の転換があったようです。

結果として、主人は健康的な未来のために全力で「仕事」をすることを選びました。元々は仕事をしすぎて不健康になってしまったことがあり、仕事を嫌がっていたのですが、自らの「価値の序列」を理解し、自分にとって「仕事」の順位を上げて、「健康」にもっと投資したほうが幸せだと思ったようです。

優先順位を自覚し、幸福度の高い未来についての会話ができるようになると、自然と行動や時間の使い方や考え方も変化していきます。

そうやって、自らの未来を楽しみにすることで、行動ができることも多いです。

無理やりやる気を起こしたりするのではなく、**自分の価値観と気持ちを大切にすることで、新しい自分になれる**のです。

自分の望みを叶えられる自分になることも、満足な人生と幸せな人間関係を築くために必要になっていきます。

「価値の序列」を理解し合えるコミュニケーション

たとえば、わたしの「価値の序列」は、「仕事」「知性」「家族」です。

この三つに対して、時間やお金の配分、考えることが多くなっています。

好きなだけ仕事ができて、自分の知性の向上とともに家族の豊かさが増すことを人生の中心です。家族の豊かさのなかには、好きなだけ旅行に行ける、家族のチャレンジにお金を使える、自身の快適にお金を使えるなども入ってきます。

「仕事」の順位を明確にしたことで、わたしは年収3000万円を超えることができました。

ステージ1だった頃のわたしは、仕事をしすぎると結婚ができないと思っていて、仕事に全力を注ぐことができずにいました。

誰も仕事を頑張りすぎると結婚できないなんて言ってはいないのに、その「have to（結婚するには仕事をしすぎてはならない）」に振り回されていたのです。

いつもそこそこの年収で、忙しく働いたとしても年収600万円を超えることはありませんでした。

また、他人軸で働いていたので、いつも自信がなく、誰かに頼ることもできませんでしたし、自分に何ができるか、どうしたら活躍できるのかもわかっていませんでした。いつも自分迷子だったように感じます。

しかし、自分軸で自分を見るようになっていく過程で、「仕事に全力を注ぐと結婚ができない」は、他所からもらってきたただの一般常識。「have to」からの思考だったと気づいて解消できるようになりました。

そして、その「have to」を解消した後に、今の主人に出会ったのです。

わたしは今、教育と心理学の勉強のために大学にも通っているので、平日は「知性」のためにも多くの時間を使っています。毎週、課題の提出もあるので寝ないで授業を受けないと間に合わない週もあります。

そんなときに「健康」が重要な主人には、「たまには早く寝ると、仕事も勉強も捗《はかど》ることもあるよ」と声をかけてくれます。安易に寝ろと言うのではなく、わたしの価値観を優先したコミュニケーションをしてくれます。

自分の価値観を知り、自分に夢中になればなるほどやっていたいことが出てきます。そんなときは、主人の「価値の序列」を優先することができない場合もあります。「今は勉強（知性）と仕事とあなた（家族）を大事にしたいけれど、知性を満たしていないとわたしは仕事にも邁進《まいしん》できないから、この半年だけは学校の授業を優先させてほしい」と伝えたことがあります。

相手の「価値の序列」の優先順位に対して「NO」になりますが、**むしろ信頼関係を築くための重要なファクター**になっていきます。日頃、優先順位に関して話し合いをしていたからこそ、主人は応援してくれました。

大切な人が「わかってくれない」のはとてもつらいと思います。

ですが、これほど「価値の序列」が違えば、わかりあうには工夫が必要になってくるのです。

相手に「NO♡」を言うにしても、相手に興味を持っていることが大事です。

お互いの価値観を大事にしたまま、「NO♡」を言い合うことで、関係がより深くなり、よりよい未来の話もできるのです。

これは、パートナーシップだけでなく、上司や友人、家族との関係でも同じことが言えます。

「価値の序列」は子育てにも有効

男の子の親御さんから、子どもに勉強をさせてほしいというお悩みの相談がありました。

御子息はあまり勉強が好きではなかったのですが、両親はどうしても御子息に勉強をさせたいと考えていました。

御子息の「価値の序列」について話を聞いてみると、優先順位の上のほうには、「人間関係」がありました。御子息は友だちと楽しく過ごすことが何よりも好きで、友だちのなかで一目置かれたいと思っていました。

両親に認められたい気持ちもありましたが、両親が望むことは勉強すること。それ以上に友だちに好かれることが彼にとっての最優先事項でした。

しかし、勉強しなければ両親に認めてもらえないことも感じていて、期待に応えたいとも思っていました。

そもそも、子どもが自分自身で「価値の序列」の知性（勉強）の優先順位を上げることは難しいことです。

そこで親御さんは、「学校で一番人気があるのは、どんな人だと思う？」と聞いてみました。すると、スポーツが得意な人も人気者だけれど、実は勉強ができる人が一番注目されていることに気がついたのです。

勉強ができる人になるためには、コツコツ勉強しなければならないと話すと、御子息も納得されました。

しかし、勉強する時間が増えるとスポーツをする時間が減ってしまいます。そこで御子息には、時間の使い方を見直すことを提案しました。

スポーツにどれだけ時間を使い、勉強にどれだけ時間を使うか、そのバランスを一緒に考え直すことにしたのです。

あくまでゴールは、御子息のなりたい姿に設定します。

子どもであっても、「価値の序列」を知ることでコミュニケーションの糸口をつかむことはできます。

また、子ども自身が自分の価値観の優先順位を認識することで、行動を変えるための（行動を変えるとは、ここでは自分の自信をつけるためと同じ意味になります）努力ができるようになります。

まずは、目的（C：結果）ではなく、プロセス（B：過程）を重視することも大切です。

子どもであっても、大人であっても、人の「価値の序列」を理解することは、行動を変え、結果を変えるために大切なことです。

コミュニケーションをとる相手の価値観を理解し、気持ち（A）と目的（C：結果）を明確にすることで、相手に自分の価値観を伝えることもできるようになります。

ラクなコミュニケーションを手に入れる

35ページで解説したコミュニケーションの三つのフェーズを、再度確認しましょう。

(A)気持ち(動機・きっかけ・理由)

自分を動かすための理由を指します。その瞬間に感じたことや、人がある状況のもとで言動を決定する意識・無意識。これには、特定の刺激や出来事、誰かの指示が含まれます。

(B)過程(プロセス・言動・思考)

具体的な行動や反応を指します。これは観察・測定可能なものであり、(A)の動機によって引き起こされます。

(C)結果(ゴール・目的・結論)

行動や反応によって生まれた出来事や事象を指します。結果は行動の頻度や強度に影響を与えるもので、これが強化されるか罰されるかによって、行動の増減が決まります。

コミュニケーションとは、過程(B)が重要ではあるのですが、良好な人間関係を築くには、過程(B)以外を考えることも重要です。気持ち(A)と結果(C)を考えることで、過程(B)への迷いも減ることがあります。それには、**自分で選択し決める自己決定力が必要**です。心のステージ2の状態を形成するにあたって必須になっています。

前述しましたが、デートの誘いを断った理由が「恋愛指南書に書いてあったから」だと、自分の意思が反映されていません。そのため、その結果が理想どおりでないと迷いが生じます。後悔や自分を責める気持ちにつながりやすくなるのです。

大切なのは、自分の行動の理由を明確にすることです。その上で自分の動機と欲しい結果が一致していないと、身動きが取れなくなっていきます。

ステージ1では、動機が他人に依存しています。

たとえば、「恋愛指南書に書いてあるから」とか「彼に愛されたいから」といったものです。

しかし、ステージ2になると「わたしがどうしたいか」が主語になります。

まずは、「わたしがNO♡と言いたい」と、**自分の意思を主語にすること**です。主語は、他人ではなく自分ですから、気持ち(A)を大事にしましょう。

わたしたちがコントロールしやすいのは、「やる理由を自分軸で決めること」と「その結果どうしたいかを決めること」の二つです。

この二つを明確にすることで、コミュニケーションの照準が定まります。

仮に、「彼に愛されたい！　わたしも彼を愛したい！」という動機があり、「彼とデートしたい」という結果を望むなら、行動の内容も自然と決まりますよね。

もし、「デートの誘いの期限は3日前まで」という行動を取ったとしても、その背景にある気持ち(A)が自分軸であれば、ほかの適切な行動に変えられる可能性もあります。

たとえば、ここで決定した選択が、「予定は3日前までに組める人と付き合いたい！」

と思っている自分がいて、その理由も明確であれば、会う時間をしっかり確保してくれる彼氏ができるという結果につながっていくでしょう。

もちろんここでは「デートの誘いの期限は3日前まで」を優先するのではなく、「2日前だとギリギリすぎて、わたしが予定を調整しにくいから、もう少し早めに連絡がほしい」というコミュニケーションになるかもしれません。

気持ち(A)と求める結果(C)によって、言動（B：過程）が迷子になることはなくなっていくでしょう。

コミュニケーションで悩む人は、まずこの考え方を取り入れてみてください。

そして、ステージ3では、相手の行動も受け入れることも大事になっていきます。

それが真の意味でのコミュニケーションであり、人生を大きく変えるきっかけにもなります。

必要なお金や人を引き寄せるには

ご相談で多い内容として「お金があり、好きな人と一緒にいられる自分になりたい」というものがあります。

必要な人と必要なお金を引き寄せたいと考えるときに知っておきたいことは、わたしたちの脳には、**必要な情報や人、ものにしか気づくことができないという特性がある**ということです。

必要だと思っているのに見つからないのは、異常事態なのです。

脳には、「頻度錯覚」や「カラーバス効果」という認知バイアスがあります。

意識していることほど、関係する情報が自分のところに舞い込んでくるようになるのです。

たとえば、「今日のラッキーカラーは赤」と言われると、街でその色ばかりに目が行くなども、カラーバス効果なのです。

この機能を使うことで、さらに自分の欲しい結果(C)に必要なもの・こと・情報を認知しやすくなります。認知したものに対して、さらに動機（A：気持ち）と言動（B：過程）が一致すれば、結果(C)を手に入れる行動ができます。

コミュニケーションは、(B)ですが、本質は(A)(B)(C)すべてです。

何のためにやるか、結果(C)としてどうなりたいか。そのためのプロセス（B：過程）がコミュニケーションです。

お金があって、好きな人と一緒にいる自分という結果(C)を叶えるためには、きっかけ（A：気持ち）に、自分軸での「お金が必要な理由」が必要です。

ここは、「価値の序列」ワーク（102ページ参照）で、特に「お金が必要な理由」が明確であることが大事です。

優先順位が、たいして高くないものに使おうとする人も多いです。

仮に、仕事が価値の序列の一番で、1ヶ月のほとんどの時間を仕事に費やしている人がいるとしましょう。

その人が、一年に3日間ほどしか行かない旅行に対して「お金が必要」と考えたとしても、脳は〝怠け者〟の性質があるので、本気で結果(C)を手に入れようとしませんし、当然、それに必要なもの・こと・情報を仕入れようともしないのです。

さらに知っておいてほしいことですが、**お金が必要なら、人間関係を良好にする必要があります。**

ほとんどのお金は、人が運んできてくれます。その形は、現金という形だけではありません。お金の背景にある、もの・こと・情報を吟味することが大事です。

たとえば、わたしは株式投資をしていますが、株式投資でお金を得ようと思ったら情報が大事です。どんな銘柄がいいとか、どういう手法があるなども重要になります。株式投資をしているからといって、すぐお金にはなりません。

結果(C)として物理的にお金が欲しいなら、お金についてきちんと考える時間や、行動する時間を持つことも大事です。

クライアントさんのなかには、「時間がないです」と言う人がとても多くいます。

しかし、どうすればお金を得られるか考えるための時間をとる余裕がないと、行動に移すことはできませんし、得たところで、身動きができません。

余裕がないときは、**〝しなければならない（have to）〟と思い込んでいることが、多いのではないか疑ってほしい**のです。

「時間がない」という言葉を聞くたび、わたしは「普段は何をやっているんですか？」と聞くようにしています。

すると、意外と自分の時間の使い方を意識している人は少ないのです。

つまり、自分を意識できていないために悩み苦しんでいることが、非常に多いということです。

時間を大切にするとは、自分を大切にすることと同じだと思ってください。

余裕がある状況とは、能動的に自分を生きている状況のことです。自己肯定感が上がっていて、自己決定ができる余裕がある状態と言い換えることもできます。

自分の意思を自己決定できている感覚が、望む自分を叶えてくれます。

〝お金があり、好きな人と一緒にいられる自分〟でありたいと考えるときは、お金と好きな人のことを普段から考えること。

なりたい自分になるための言動を取れるようにしていきたいですよね。

そして「have to」によってガチガチに縛られている人よりも、余裕のあるところに人は集まるものです。

必要な人と必要なお金を引き寄せるには、能動的に〝自分〟を生きることがベースになります。

恋愛相談に乗っていると、お金持ちを引き寄せたいと言う人もいます。

ものすごいお金持ちで「おれが全部決めるよ」という男性を引き寄せたい人もいるでしょう。それが、あなた自身が決めたことであり、その関係に苦しさを感じないのならいいのです。

自分の意見も聞いてくれる人、または、自分がどんな未来を過ごしたいか、一緒に考えようとしてくれる人を引き寄せるには、普段から心のステージを上げておくことが必須です。

また、お金の優先順位が高いのに、「お金のことを考えたくない」というのは、つじつまが合いません。そもそも「お金が怖い！」なんて人もいます。

お金に対して嫌悪感があるのに、ほしい。この「お金が欲しい」自体が「have to」というわけです。本当は欲しくないのに、手に入れなければと思っていても動けるわけもありません。

もちろん、お金の優先順位が高くなくてもいいのですが、

もし、お金の優先順位が高い人を引き寄せたいのであれば、イメージしてみてください。お金の優先順位が高い人が、お金の話をしようとしたけれど話を聞いてくれない。自分を理解しようとしてくれない人、コミュニケーションが取れない人と一緒にいても、苦しくなると思いませんか？

まず**大切なのは、主体的な決断**です。

〝お金があり、好きな人と一緒にいられる自分〟を望むなら、お金が入って来る余裕と好きな人に出会える余裕を持ち、相手の大事にしている価値観を理解してコミュニケーションが取れる自分になることが大事です。

引き寄せる人を変える方法

理想の人生には、いい人間関係が重要だということがわかったけれど、いい人なんてなかなかいないといったご相談に乗ることがあります。

婚活中の女性のご相談で、なかなか良いと思える人に出会えないなども、そうです。この「良い」という基準は、価値の序列のワークも関係しており、人さまざまな「良い」があります。

たとえば、仕事がものすごくできて、他人を否定せず、比較のある褒め方はせず等身大の良いところをしっかり見て伝えてくれる。すなわち、心のステージ2以上の人を指している場合がほとんどです。

自分軸のある人は、どんな人と一緒にいると心地いいでしょうか？

勝手に他人と比較してきたり、自分のことばかりを話して、他人と比べて劣等感を持ちがちな人と一緒にいて、心地いいでしょうか？

相手も接し方に非常に悩んでしまうかもしれませんよね。

あなたにとって心地よい人を引き寄せたいなら、自分のステージも上げる必要があります。あなたが相手の求めるものを渡すことができ、居心地のいい存在になることで、あなたも相手にとっての大事な存在になるでしょう。

「今ある人間関係を変えたい！」「大事な人に信頼してほしい」という人ほど、たくさんの「have to」で苦しんでいる自分を解放してあげることで、心地よい人間関係にしていくことができます。

「自分よりすごい人と一緒にいたい。でも怖い！」は人を遠ざける

「自分より優秀だと思える人としか仕事をしたくないし、一緒にいたくない！」

「自分より優秀だと思う人には、謙遜してしまってなかなか気持ちを言い出せない」

こんなご相談があります。

この考え方自体を否定するつもりはないのですが、実はこの言葉を口にしている場合、その背景にある考え方が、人を遠ざけてしまうことがあるのです。

たとえば、「自分より優秀だと思える人としか仕事をしたくないし、一緒にいたくない！」とは、どのような気持ち（A）から出てきた言葉でしょうか。

「一緒にいたくない」とはどういうことでしょう？

一緒にいると困ることがあるのでしょうか。

もちろんこれが、心のステージ2の自分軸（主語：わたし）基準なら良いのです。ですが、ステージ1の他人軸での評価の場合は、〝できない自分〟のままでいる人と一緒に仕事をすると、頑張ってきた自分が否定された気持ちになるから一緒にいられないといった理由の場合があります。

そういった**否定感のある動機（have to）があると、人を遠ざけることになりがちです。**

また、コミュニケーションにおいて、ゴール（C：結果）を意識していくと、優秀さという能力軸が必要ない場合があります。

優秀な人に謙遜してしまうだけならいいのですが、他者との比較癖や、他者の存在による自己卑下癖がある人と一緒にいて、周囲の人は幸せを感じられるでしょうか？

人間関係にこだわりがあるのはいいのですが、こだわり過ぎてしまい、人を遠ざけている場合は、考え方・価値観の見直しと自分自身を整えていけたらいいですね。

言葉の意味は人それぞれ異なる

誰に対しても「ＮＯ♡」が言えて、誰から「ＮＯ」と言われても、穏やかに落ち込まずコミュニケーションするためにお伝えしたいことがあります。

それは、相手の言葉が「ＹＥＳ」であっても「ＮＯ」であっても、人それぞれにその言葉に込めた意味には違いがあるということです。

わたしは、パートナーシップの講座内でこんな質問をすることがあります。

①自分が何かを達成して喜んでいるときに、人にどう接してほしいですか？
②自分が失敗した（落ち込んだ）ときに、どう接してほしいですか？
③大切な人に、どう接してもらうと大事にされていると思いますか？

この①の質問に対して、「一緒に喜んでほしい」「かまってほしい」「頑張った分労ってほしい！」などさまざまな答えが返ってきます。

わたしたちは、自分が嬉しいと思うことは相手も嬉しいだろうと思っています。もちろん、それも正解です。ですが、「一緒に喜ぶ」の具体的な反応として、「褒める」も「お祝いする」もあります。

このように、同じシチュエーションで考えても、**人によって相手に求める態度は異なりますし、同じ言葉でも、求めるニュアンスは変わってくる**のです。

これを知っておかないと、せっかく相手のために行動しても、あまり喜んでくれず、がっかりしてしまうこともあります。

まず、ご自身の答えを考えてみてください。

そして、できれば友人や家族にも聞いてください。その答えを表面上の言葉だけで捉えるのではなく、どういう意味なのかまで聞いてみてほしいのです。

意外な答えが返ってくるかもしれませんよ。

タイプ別　嫌われないコミュニケーション

Chapter2で、タイプの違いも知っておくことも大事という話をしました。

特に違いが出るのは、何を言うかよりも、コミュニケーションにおいて、**どのフェーズを重要視しているか**です（37ページ参照）。

さらに嫌いな傾向もお伝えしていきますね。

コミュニケーションにおけるNG行為

負けず嫌いタイプ

結果(C)が大事で、コミュニケーションにおいて結果(C)から話したい。
負けず嫌いな気持ちを理解しない
↓挫折したときに、新しく頑張ることを遮るような言葉はNG
ながながと言い訳を言う
↓物事の経緯や気持ち重視の会話ではなく、まず結果から話していくこと
努力や積み重ねを評価しない
↓結果(C)を得ることが重要。それに対し努力を怠ることやズルを推奨するのはNG
自分の意見をはっきりと言わない
↓自分も自己主張が強いが、それに対して相手にもしっかり意見を言ってもらえないと満足しない

自由謳歌タイプ

気持ち（A）によって求める結果（C）が変わるが、コロコロ（A）と（C）が変わることを咎められるのが嫌

不自由になるかもしれない選択肢を選ばせようとする

↓相手から「これやって」「あれやって」などの行動の制限になる要望は窮屈になって逃げ腰になる

規則でがんじがらめになる

↓ルールは壊すためにあると思っている節もあるので、ルール至上主義よりもどうルールを楽しむかなどに会話を変える

独創性を否定したり、新しいチャレンジに水を差す

↓今までにないことに挑戦する気持ちがあるので、それを引き止めるのはＮＧ

感情の起伏に対して理解を示さない

↓今の気持ちが大事で、それをわかってくれないと敵になりやすいので、常に今の気持ちを話し合えるようにする

人気者でいたいタイプ

言動（B：過程）が大事で、それをわかってほしい。気持ち（A）が話せる相手を信用する。

サービス精神をわかってくれない
↓尽くしてくれることが多いが、その思いやりが当たり前という態度になっていくと気持ちも話せず自然と離れたくなる

言っていることとやっていることが異なっている
↓誠実さが大事なので、約束を守らないことなどがあると信頼を一気になくす

行動をしないのに夢物語ばかり話す
↓一緒に大きな夢に向かうことが好きだが、能力がない人はＮＧ

空気を壊すような態度
↓安心や安定した関係が好きなので、不安を誘発することなどを言うことはＮＧ

誠実愚直タイプ

過程（B）が大事。結果（C）につながっていることをやっている自信が大事で、そこを評価されたい。

ルールや規則を破る
↓ルールは守ることが大事なので、目の前で破っている時点でNG

身の丈に合わない主張をしてくる
↓役割や立場を気にするので、その人に見合わない主張を強く出す人を信頼できない

自分がやっていることを、尊重されない
↓誠実に目の前のことをこなすタイプで、できればそれを評価してもらいたいので、なかったことにされると裏切られた感じがする

義理人情がない
↓面倒見がいいタイプなので、人情味がない話はNG

品のない行為
↓感情的で奇をてらった言動はNG

賢さ重視タイプ

結果(C)に対して、プロセス（B：過程）の探究心が大事。そもそも(A)(B)(C)共にほとんど人に話さない。

プロセス(B：過程)を理解し合おうとしない

↓相手を知ることも研究だと思っている節があるので、相手の話を聞くことが多いのだが、それに対して相手も相互理解のスタンスがないと離れる

知的好奇心が刺激されない

↓落ち着いて会話自体がつまらない、と思うとそっとフェードアウトする

落ち着きがなく、破天荒

↓会話ができることが大事であるので、突飛な言動はNG

一人の時間の邪魔をされてしまう

↓熟考する時間が必要なので、しつこく話しかけ続けられたりすると疲弊する

あなたと異なるタイプの人は、してほしいことが異なる場合があります。NGな行

動も正反対なんてこともあり得るのです。

これを知っておくだけで、コミュニケーションミスが減っていきますし、「話し合えない」「話を聞いてくれない!」なんて寂しい気持ちになることも減るのではないでしょうか。

また、わたしたちは嫌なことを避ける傾向にあります。

相手の「NO」を知っておくことも大事なコミュニケーションの土台になるのです。

chapter 4

困ったをラクに乗り越えるためのQ&A

—“特別な人”がやっている コミュニケーション—

仕事編

尊敬する人の間違いを指摘できません

ご質問

尊敬する人が「間違っている」と思ったときに、気が引けて伝えられません。

アドバイス

職場でお世話になっている人や尊敬している人と円満に仕事をしたいのに、少し気になることがあると、どうすればいいのかわからなくなってしまう。

その根底には、嫌われたくないという気持ちがあったり、相手に「NO♡」の視点（関係の線引きありき）で話せないと思っているということですね。

特に、控えめで協調性が高いタイプの女性は、上司の立場を考えて、言うべきことも言えずに「自分が間違っているかもしれないんですが……」など、謙遜や先に謝ってしまうことが多いです。

もちろんこれが悪いわけではないのです。一歩引いたコミュニケーションの方法もあります。ですが、気になるのは、**言いたいことが言えない、言いたくない、気持ちが沈んでいる事実がある**ということです。

意図的な謙遜ではなく、自己犠牲のコミュニケーションを続ければ、その相手と一緒に居続けることが苦しくなるのではないでしょうか。いくら尊敬している相手でも、です。

もちろんコミュニケーションのテクニックも大事になりますが、信頼関係を作れる自分になるには、やはり我慢や辛抱をしてしまう理由に気づくことが大事です。

そこで、仕事や人間関係で**「こうしなければならない」と思っていることを箇条書きにしてみてほしい**のです。

「相手が嫌がることは言ってはいけない」「自分の価値は、相手の要望を叶えた時に上がる」など、いろいろと出てくるのではないでしょうか。

その箇条書きを見て自分が動けない原因らしきものがあれば、それはいいサインです。**今まで、その常識以外の考えがなかったことがわかったのです。**

その上で、**「新しい関係を作れよう、今日から、どのような常識を持てばいいのかを考えられるようになる」**と信じて決めましょう。すると、やっと思考があなたのために動き出してくれます。

わたしたちは、経験したことのない考えに出会うと一瞬パニックになることもありますが、知らないことは、新しい未来を叶えるトリガーになります。

思っている以上に、皆さんは聡明です。

だから、怖がる必要はありません。

新しい常識を見つけるまで、ぜひ自分を丁寧に扱ってください。

ここで無価値観からの解放も大事になってきます。

他者からいい扱いをされることに価値を感じるのではなく、「自分には価値がある」

と自分で認めてほしいのです。

我慢のコミュニケーションから抜け出して、目の前の尊敬する人と対等な関係を築くには、結局、自分を大切に扱う経験が重要です。

ポイント

ステージ1からの抜け出すことで、目の前の人と本当の信頼関係が築けるようになります。まずは一定期間、自分自身を大事に扱ってみてください。その後にコミュニケーションのフェーズを参考にしてほしいと思います。相手の重要視していることを尊重して話してみましょう。

⇒Chapter2参照

仕事編

意見を言うわたしは、面倒くさいと思われているのでしょうか

ご質問

「絶対にこうしたほうがいいのに！」と思って意見を言ったのに、いつも取り入れてもらえず、面倒くさがられているように感じます。どうしたらいいのでしょうか。

アドバイス

仕事では、自分の仕事の成果を説明しているのに、相手が理解してくれないことがよくあります。上司や先輩は、仕事のゴール（C：結果）を部下にも共有すべきですが、部下の仕事の結果(C)と上司や先輩のやっていることの結果(C)がずれていると、過程(B)の話を聞いてもらえないことも多くあります。

結果(C)に対するプロセスの取り組み方は人それぞれ違います。

たとえば、旅行に行く場合、電車で行く人もいれば車で行く人もいます。行き先は一緒でも方法は人それぞれだということ。

今自分の言っている「絶対いい！」はプロセス（B：過程）なのか結果(C)なのか、把握しておくことも大事になってきますよね。

効率の感じ方も人それぞれ違います。それを理解せずに意見を言うとすれ違いが生じます。「絶対こっちのほうが効率がいい」「絶対こっちのほうが丁寧に仕事ができている!!」と思っても、他の人にとってはそうでないこともありますよね。

目の前の人が、重視していることは何でしょうか？

一度考えてみてほしいと思っています。


次に、相手に伝えたことが「NO」だとして、意見を言うのではなく、線引きのないままの否定の「NO」になっていないかチェックしてほしいです。

この本の「NO♡」は比較や否定の要素ではなく、あくまで自分軸で意見を言えるようになるためのもの。相手との間に適切な線を引くための「NO♡」です。

この「NO♡」が言えるようになるためには、相手の意見も尊重できる自分になる必要があります。

また、上司や先輩・同僚など、仕事相手から面倒に思われているのではないかと不安になることもありますよね。これは仕事に自信があったとしても、相手の意見を聞く準備ができていないときに起こる不安でもあります。相手から「NO」と言われるのが怖いということと一緒です。すなわち「NO」の取り扱いがまだまだできていないステージ1である可能性があります。

ぜひ、仕事に対して「こうあるべき」と考えていることを書き出してみてください。そして、その項目が、仕事の成果（C：結果）を上げているか冷静に考えてみましょう。

ポイント

意見を言うとき、ただ相手を否定するのではなく、新たな視点を提供し、議論を深めるための手段になるように伝えてみましょう。

またその結果、相手からの「NO」が怖いときは、あなたがそもそも「NO」を受け入れる準備ができていないときに相手に「NO」を言っているかもしれません。ステージ1を離脱していきましょう。

⇒Chapter 3参照

仕事編

ミスを指摘されるとひどく落ち込んでしまいます

ご質問

「ここが間違っているよ」とミスを指摘されると、自分自身を否定されているようで、毎回ひどく落ち込んでしまいます。

アドバイス

相手からの「NO」に傷ついてしまうことはありますよね。アドバイスは欲しいけど、指摘はしんどいということはあると思います。

いい仕事をしたいし、仕事も続けたいと思っているものの、自分への評価が下がることを恐れてしまうと、ますます人の話が聞けなくなります。

そしてさらに自己嫌悪に陥ってしまう方もいらっしゃいます。

これは、「欠点のない自分でいなければならない」という「have to」が強くある、完

璧主義の現れであることが多いです。

完璧主義とは、完全を求め、失敗や不完全を避けようとすることや、ミスを許さないことを指します。志の高さはいいのですが、失敗を〝経験の積み重ね〟として捉えるのではなく、〝自分責め〟の材料にしてしまって、自己評価を下げてしまうことがあるのです。

あなたの願いは、「否定されたくない」といった極端なことではないのではないでしょうか。

「どう言ってほしかったの？」とやさしく聞かれても、なかなか言葉にできない方もいます。

どうコミュニケーションを取りたいかまでは、まだ考えられない。ミスをしても自分を責めるし、相手から指摘されても自分が情けなくなる。

苦しい状態ですよね。

まず、自分が完璧主義かもしれない、ということを受け入れましょう。

作り上げた理想像は、本当に自分軸で作られたものかを確認してほしいのです。

たとえば、「誰もが納得する意見しか言ってはならない」なども、「have to」の可能性があります。「have to」がある限り、なかなか話せなくなってしまいます。

この「have to」の解消が進めば、完璧主義もいい方向に使うこともできます。**ミスを指摘されることが、自分の〝完璧〟を更新するきっかけだと捉えられるようになるのです。**

自分軸を持ったステージ2に進めば、アドバイスを聞くことが自分の成長につながると考えられるのではないでしょうか。

ポイント　**他人からの評価で傷つくのではなく、自分の評価軸をつくり直すきっかけだと捉えること。ステージ1から離れるチャンスにもなります。完璧主義を更新しましょう。**

⇒Chapter2参照

仕事編

マイペースに仕事する同僚が許せません

ご質問

わたしはノルマをクリアするように、がんばって仕事をしています。ノルマもクリアできていないのに、マイペースにのほほんとやっている同僚が許せません。

アドバイス

このようなお悩みは、能力も高く、仕事のできるバリキャリの女性に多いです。スキルが高く、仕事のできる女性のなかには、自分に多くの「have to」を課して苦しくなっている人がいます。

そして、会社のためにがんばっている自分と同じだけ、同僚ががんばっていないと、自分が報われないと感じるのです。

相談者の女性は、ノルマをクリアすること、仕事をがんばることを〝苦労〟だと思っている可能性があります。でも能力のある自分を証明にするには、必要なことです。また、この同僚と比較して、「なんで頑張らない自分でいることができるの⁉」と感じているのであれば、**〝わたしは欠けている〟という意識から自分を解放するタイミング**です。

一度、**「自分の評価軸とは何か？」**と問うてみてください。会社で結果を残すこと、能力を最大限に活用すること、などが出てくるかもしれません。

これはもちろんいいことだと思うのですが、**自分が定めたことを相手にも求める、むしろ怒りまで湧いてくるのなら、純粋な自分軸ではなく、やらされている感の「have to」**になっているのではないでしょうか。

ノルマ達成が自分自身への評価基準になっていたり、仕事のがんばりが評価基準になっていたりと、いろいろとあると思います。または、がんばっている自分が好きだということはないでしょうか。ただ、他者への怒りが湧いてくる時点で、がんばりが義務化してしまっているかもしれませんね。

「許せない」という言葉まで出てきています。

「許せない」という感情は、自己肯定感が低く、心のステージが1の状態にあるときに出てくる感情です。自分自身ががんばらないことを許せないために、他人ががんばらないことにも厳しくなります。

自分自身に甘くなれということではなく、他人軸ではない、自分軸でのがんばり方を更新する時期だということです。

併せて、社内でどのようなポジションでありたいのかも考え直してみましょう。常にイライラしている人として仕事をしたいのでしょうか。または、自分と違うスタンスで仕事をする人を許さない人として仕事をしたいのでしょうか。

あなたをあなたらしいポジションに設定し直すために、自己評価を変えていきましょう。

ポイント

他人と自分を比較するのではなく、自分の仕事軸を更新する時期にきています。仕事への向き合い方を自分で決めることで、自分のことも、他人のことも信用できるようになります。ステージが上がり、より自分の可能性を広げてくれるでしょう。

⇒Chapter 2／Chapter 5参照

恋愛編

彼に優先されていないと感じています

ご質問

仕事が忙しい彼が仕事に集中できるように、彼を労《いたわ》るような連絡をしたりして、できた彼女としてがんばっているのに、LINEの返信がなかなか来なかったりして、わたしを優先してくれません。大事にされていないと感じます。

アドバイス

彼に大切にしてほしい。愛されていることを確認・認識したいというご相談だと思います。ただなかなか自信がないから、彼の一挙一動で悩んでしまいますよね。

「わたしのこと好きだよね」「わたしだけを愛しているよね」と確認したいけれど、その方法がわからないというご相談は多いです。

ただ、この場合の「好き」「愛する」が、あなたの場合は自己犠牲から発しているように思えました。

自己犠牲とは、彼のために自分の感情を無視している状態を指します。

つまり、心のステージ1ということです。

正直わたしも恋愛で悩んでいたタイプなので、このご相談の気持ちはよくわかります。彼に愛してもらいたいのに、どうしたらいいのかわからない、ということ。

恋愛をするときほど、まず自分軸を守ることが大事だと、多くの人が耳にしているのではないでしょうか。でもなかなか自分軸と言われても……ですよね。

そういった場合は、**恋愛においての「have to」が多すぎて、身動きが取れていない状態**だと思ってください。

さまざまな他人軸のルールで縛られたまま、自分軸を構築するのは難しいです。

まずは**自分を縛っている「have to」に気づきましょう。**

思いつくものを書き出して、一つひとつ、幸せな恋愛を作るために必要か、自分に聞いてみてください。

たとえば、「彼を褒めることが大事」という考えも、心底褒めたいと思っているとき以外にも褒めたいのかなどです。無理やり褒めても人は案外気づくものなのです。

「have to」を解消していく過程で、「自分が本当にしたいことは？」という視点で自分に興味を持って、自分軸をつくりましょう。「わたしの好きなものを共有する」や「わたしも彼も笑顔を大事にする」などが、考えられます。

自分軸を持った自信のある男性は、自分軸を持って成長している彼女に魅力を感じることが多いです。

なぜなら、**自分と同じ状態の相手の方が心地いい**からです。

素敵な彼と一緒にいる素敵な自分になりたい。そう考えるなら、あなたがまず自分自身に夢中になることを優先しましょう。

ステージ2へ入るには、自分にいかに夢中になっているかが大事になっています。「彼を優先しているわたしを優先してほしい」と彼の行動を見張るのではなく、あなたには「彼に本当に話したいと思うことを見つける時間」が必要だと思います。「わたしは今こういうことを楽しんでいるから、その話をしたい」と言ってみてはどうでしょう。

話せることがないと思っているなら、まさに今、自分軸がない証拠だと思います。人生の主役は彼だけではありません。あなたも主役なのです。

ポイント

まずは自分の人生に夢中になるよう、行動の動機を「彼」から「わたし」に変えましょう。できない場合は恋愛やパートナーシップにおいての「have to」がある可能性があるので書き出してみましょう。そして、「わたしは今こういうことをしていて、その話をしたい」と伝えてみてはどうでしょう。

⇒Chapter 1参照

恋愛編

彼に尽くされている友人がうらやましい！

ご質問

彼に尽くされている友人の話をそれとなくわたしの彼に伝えているのに、彼はわたしに何もしてくれません。どうしたら気づいてくれますか。

アドバイス

自分のことを一番にしてもらいたいという気持ちが伝わってきます。彼が一番愛してくれているのはわたしだよねって。そのことを態度で示してほしいし、証明してほしいというご相談、本当に多いです。

こうしたコミュニケーションが生まれるのは、無意識のうちに、彼からの評価を自己評価につなげてしまっていることに原因があります。

「彼から選んでもらっていない自分に自信がないです」と自分で言ってしまっている

のです。

しかも、「わたしがやってもらいたい」ではなく、「友人はやってもらってる」という話になっています。つまり、主語が違います。

「〝友人〟はやってもらってる」「〝彼〟がやってくれない」、本当は「〝わたし〟がやってほしいことをやってくれる彼が欲しい」ではないですか？

もしかすると、彼には何も伝わっていないのかもしれません。

「男性は察することができない」と言われることもありますが、自分軸を持った男性ほど、「自分がしてほしいこと、してほしくないことは言えるだろう」と思っていることも多いです。

そしてあなたの彼は、あなたの友人を喜ばせるためにいるわけではないので、ここはしっかり自分の話をしてあげてほしいと思います。

「わたしもあなたとこれをしたいし、あなたにこれをやってほしい」と伝えてみてはどうでしょうか。


その上で、もう一つ考えてほしいことがあります。

友人がされていることと同じことを、あなたに彼がしてくれたら、あなたはそれで100％満足できるのか、ということです。

友人と全く同じ状況になったら「〝わたし〟は彼から愛されている」という実感を得られると思いますか。友人と友人の彼の関係と、あなたとあなたの彼の関係は全く別のものではないでしょうか。

「わたしはこれをやってもらいたい。そして、あなたはどうしたい？」から、あなたとあなたの彼、二人のコミュニケーションがはじまるのです。

最初にあった「それとなく伝えている」という一言。ここにも心の状態が反映されています。どうして「それとなく」伝えているのか、考えたことはありますか？

「それとなく伝える」とは、態度で「あなたはやってくれないよね」という前提でコミュニケーションをしていることがあります。

相手の能力や可能性を下げるコミュニケーションは、相手の「YES」の気持ちを損なわせます。このとき受け取った「NO」で傷ついているのは、相手を信頼していないときに起こることが多いです。

また、「どうせできない」「どうせやってくれない」と、あなたが彼にマウントをとっていることにもなっています。〝無意識のマウンティング〟です。遠慮しているはずが、相手を信じていないことの表れになっていないかチェックしてほしいのです。

同じように、「友人の彼がしてくれることを彼もしてくれたら、愛されていると感じる」という前提を持つことは、実は「わたしは愛されていない」と思っていることになります。

さて、あなたが彼に、本当に伝えたかったことはなんでしょうか。

ポイント

「二人でよりよい関係を築いていきたいから、わたしはこれをやってもらいたい。あなたはどうしたい？　どう思った？」と伝えてみましょう。相手を信じられないと思っているときこそ、自分軸の意見を言う練習が必要です。心のステージ3のコミュニケーションを取れる関係になるには、友人の話をうらやむだけではなく「本当に自分が欲しいものはこれなのか？」と確認してみましょう。

⇒Chapter 2参照

恋愛編

彼にもっと稼いでほしいのに行動してくれない

ご質問

「もっと稼いでほしい！」「もっと仕事のできる男になってほしい！」と伝えているのに、彼がなかなか行動してくれません。

アドバイス

もっと稼ぐ彼になってほしいのに、彼がなかなか行動に移さない。そんな彼にどう接したらいいかわからないというご相談は多いです。

さらに「稼いでいる男性と付き合っている自分が好き」という人もいます。

まず、彼に「もっと稼いでほしい」と伝えるとき、その言葉が彼にどのように伝わっているかを考えてみましょう。

「もっと稼いでほしい」という言葉は、彼の現状を「稼いでいない」と否定しているように聞こえることもあります。この言葉をそのまま伝えて、彼が「自分は稼ぎが少ないからダメだ」と感じた場合、自己評価が下がってしまうことがあります。

自己評価が低くなると、ますます行動する意欲が湧かなくなってしまいますよ。

彼にやる気を持ってもらうためには、彼ががんばりたいと思う理由を見つけることが大切です。価値の序列のワークを一緒にやってみましょう。彼がもっと稼ぐための動機を一緒に探り、それを応援するようなコミュニケーションが重要です。

先にも述べましたが、わたしの夫は、付き合いはじめた当初は仕事や稼ぐことに全然興味がありませんでした。

しかし、「夫婦で健康に、元気に長生きしたい」という動機ができた瞬間、仕事に対する意欲が湧いてきました。

これは、彼が大切にしている「健康」と「家族」という価値観について話したことがきっかけでした。

「もっと稼いでほしい」という言葉の代わりに、**「あなたの人生のためにスキルや才能をもっと活かしてほしい」**と伝えることで、彼の自己評価を上げ、やる気を引き出すこともできます。

また、**彼が大切にしている価値観について話し合ってもいい**でしょう。「もっといいレストランに行きたい」「もっといろいろな経験がしたい」といった具体的な目標を設定し、それに向かって二人で行動することで、彼のやる気を引き出すこともできるのではないでしょうか。

まずは彼の現状や仕事を理解し、その上でどのようなコミュニケーションなら幸せかを考えるといいですね。

さて、ここからは質問者様に対してなのですが「もっと稼いでほしい」と彼に求めるご相談の背景には、自分自身の評価が低いことが影響している場合もあります。

あなた自身が仕事で成功していないと感じていると、その不満を彼に転嫁してしまうことがあるのです。

自分ができないことを彼に求めるコミュニケーションは、お互いにとってよい結果を生みません。彼が仕事で成功しても、あなたの本当の望みは叶わないままになってしまいます。

自分を信じることや、能力の育成が先の場合もあるということです。

お互いの自己評価、心のステージが下がらないコミュニケーションをしていきましょう。

ポイント

価値の序列ワークで、彼が仕事をがんばる動機を、二人で見つけていきましょう。その上で、自分自身の欠乏感で彼にお願いをしていないかも確認しましょう。自己評価が低いから彼に埋めてもらいたい、ですと彼自身も辟易《へきえき》することが増えてきます。自分と彼の能力を信じて、仕事をすることを楽しめるコミュニケーションをしていきましょう。

⇒Chapter 1／Chapter 2参照

恋愛編

彼が何でも勝手に決めてしまいます

ご質問

「どこに行きたい」とか、「何を食べたい」とか、彼はわたしに何も聞かず勝手に決めてしまいます。わたしの気持ちが蔑ろにされて、大切にされていないと感じます。

アドバイス

「彼がわたしの気持ちを聞いてくれない」「彼に大切にされるにはどうしたらいいの？」という相談です。「どうコミュニケーションをとったら、彼がわたしの言うことを聞いてくれますか」という質問とともに、とてもよく聞かれます。

「彼がわたしの気持ちを聞いてくれない」は、言い換えると、「彼が『どこに行きたい？』『何を食べたい？』とわたしに聞いてくれない」です。

その場合、〝わたし〟は、「どこに行きたい」とも「何を食べたい」とも、彼には伝えていないこともあります。

「わたしの気持ちが蔑ろにされている」と感じていますが、「わたしの気持ちやしたいこと」など、本当に望むことを、伝えていない可能性があります。

なぜなら、相手が受け入れてくれると信じられないからです。

もしくは、〝伝えたつもり〟になっていることもとても多いです。

わたしは、彼がどうしたいかを尊重している
←
わたしは彼から大切にされていない

相手に大切にされるためには、自己犠牲の気持ちが必要だという前提を持った上ではじまった関係だったかもしれません。

恋愛では、彼の意思を尊重することが大切だと思っていて、尊重しなければならないと思っているのではないでしょうか。

ここに「have to」が出てきました。

そして、求める結果は「彼から大切にされたい」ですが、根底の「have to」が邪魔をしています。

さらに「そもそも彼がわたしに聞いてくれない」という質問の仕方でも他人軸が見え隠れします。心のステージ2のときは、このご質問も「わたしがやりたいことをやっていても、彼はあまり賛同してくれない！　どうしたら賛同してくれますか？」などになることが多いです。

彼は「行きたいところ」も「食べたいもの」も言わず、あなたの行きたいところへ一緒に行き、食べたいものを一緒に食べているわけではないと思うのです。もしかしたら、彼もあなたという存在がいることで、ステージ2の自分軸を満喫している可能性があります。

まず、「彼が聞いてくれない」ではなく、今日のデートでどうしたいか、先に**自分から意見を言ってみる練習をしてみましょう。**

もちろん彼から「NO」が返ってくる可能性があります。その場合は、彼の意見を聞いた上で、あなたも本当に嫌ならば「NO」を言ってみてください。

ポイントがあるとすれば**「本当に嫌ならば」**です。

さて、二人とも「NO」が言えるようになった後、本当に形成したい関係のために、二人の「YES」を作る段階に進みます。これがステージ3へのスライドになります。「わたしたち」がしたいことを考えるきっかけを彼に渡しましょう。

最初はやってくれないこともあるでしょう。ですが、関係とコミュニケーションは機会がなければ更新されません。

あなたが彼と対話をしたいなら、あなたがきっかけを作ることも大事なのです。

ポイント

どちらかが犠牲になる関係を作りたいわけではないと思います。彼に希望を聞いてもらうのではなく「わたしはこう思う。あなたはどう思う?」からコミュニケーションをはじめましょう。

そして、あなたと彼との関係を深める信頼関係の「わたしたち」のコミュニケーションができる機会を作っていきましょう。

⇒Chapter 1参照

chapter 5

お金にも人にも推される“特別な人”になる

—「NO♡」の魔力で理想の現実を叶えよう—

大切な人の〝特別な人〟になる

Chapter5は、あなたを特別な存在にする方法をお伝えします。

あなたには大切な人がいますか？

あなたは、大切な人の〝特別な人〟になりたいと思ったことはありませんか？


ここで言う〝特別な人〟とは、承認欲求を満たしてくれる人や「独占したい！」と思うほど、羨望の感情を持つ相手を指しているのではありません。

お互いの未来を誰よりも信じられる人。そして、より素敵な未来を一番共有したい人です。

これを読んでいるみなさんには、**誰かにとってそういう存在になると決めてほしい**

と思っています。

ここまで読んでくださった方は、きっと「自分らしく生きる」と「良好な人間関係」の両立は叶うと理解してくださっているのではないかと思います。

わたしたちは、我慢や辛抱を慢性的に行ってしまい、無意識に感情を抑制して、他者の常識・価値観に振り回されてしまうことがあります。

気づけば偽りの自分に苦しんでいたのです。

自分を解放し、信頼していく過程で、あなた自身が自分の未来を楽しみにすることができると思います。

その上で、あなたの大切な人を信じられるようになるでしょう。

人生は、思っている以上に「信じる力」で変わります。その信じる力は、自分だけではなく他人も変えていくほどなのです。

本質的な信頼関係を作る「信じる力」を身につけて、あなたを特別な存在にしてあげてほしいと思います。

自分を知る、自分で決める

わたしの前作『決めるだけ。』（KADOKAWA）では、自己決定理論が人生に影響するという話をしています。

自己決定理論とは、人間性心理学のなかで提唱された理論で、**自分で決めたことほど、その行動に対するモチベーションが高まり、よい結果を生む**という理論です。

今回の心のステージ理論のステージ2になるには必須ですし、ステージ3の人間関係を作るには、自己決定できるもの同士であることが重要になっています。

わたしは、自分を知ろうと心理学をはじめとする教育学の勉強をするなかで最初に自己決定理論にたどり着いたことで、生きることがとてもラクになりました。当時のわたしは、多くのことに流されて、自分で作っていた常識に縛られて苦しんでいたことに気がつけたのです。

自分の常識は自分で決めていいという事実は衝撃的すぎました。

自己決定力を身につけることで、幸せな自分になれましたし、自由な人生を叶えることができました。

そんな幸せな女性の仲間を増やしたいと考えて、前作『決めるだけ。』を書きました。

自分自身も大切な人を傷つけず、主体的に生きるには、自分の力を信じ、思い出す必要があったのです。

決めることは、一人でできます。一度決めてしまえば、あとは勝手に願いが叶うようになります。しかし、**パートナーとのコミュニケーションとなると、一人で決められないことも出てきます。**

他者と自分は全く違いますから、わかってもらいたいと思うし、わかりたいとも思う。ときには、「わかってくれない」と悩むこともあるでしょう。

しかし、**全く違う考えや価値観を持っている人との関係からでしか作れない人生も**

あるのです。

コミュニケーションに悩んで講座を受けに来てくれた女性の多くは、「人に自分の言いたいことが全く伝わっていないことがわかった」という気づきを得て帰られます。「わたしだったらこうしてほしいと思うことを、相手にしてあげる」「わたしがされて嫌なことはしない」という行動が、相手によっては真逆の結果をもたらすこともあると、本書を読んでくださった方にはわかると思います。

人と自分を比較することに意味はありません。

しかし、違いがあることは知っておく必要があります。

違いを理解すれば、安心して「NO♡」が言えるようにもなります。他者との線引きができる自分になっているだけだと気付けるからです。

ありのままの自分で他者と信頼関係を作れると、改めて決めてほしいのです。**そのきっかけが、「NO♡」なのです。**

ありのままの自分を信用すると人生が変わる

Chapter3でも人とお金を引き寄せる話をしましたが、必要なものを受けとれる自分になる方法について、もう少し詳しくお話ししましょう。

たとえば、以前話題になった「老後2000万円問題」。

夫婦の老後生活費の不足額が2000万円になるというものでしたが、老後に不足する2000万円のためにお金が欲しいとは思うけれど、それが自分にとっての動機にならず、行動に移せなかったとします。

しかし、「長年の夢だった家を、2000万円で建てる」という具体的な目標になると、それが動機となり行動できるようになることがあります。

人間は、曖昧な目的では動けないのです。

2000万円が必要だという結果は変わらないけれど、動機が変わることで行動の仕方を変えられるようになり、結果も変わるというわけです。

さらに、自己決定ができるようになると、お金の使い道も自分で決められるようになります。これは大きなモチベーションの変化です。

自己決定がベースにあることによって、お金や人が自然と集まってくるようになるのです。あなたの脳が、夢を叶えるために動き出すからです。

逆を言えば、自己決定ができないと、お金も集まってきません。お金を集めるための自分の動機がないので、脳が動かないのです。

理想の年収として1000万円を目指したとしましょう。そして、「年収が1000万円になったらしたいこと」が明確にイメージできたとします。そして、それを実現するには、あと300万円足りないとなってはじめて、その300万円を得るための具体的な方法を見つけようと、やっと本気になります。

ただし、このときの動機が他人軸であれば、行動に移すことが億劫《おっくう》になります。

また、新しい少額投資非課税制度（NISA）がはじまったことにより、テレビや雑誌でも資産形成に関する情報が多く提供されるようになりました。

しかし、いくら情報があっても、自己決定ができない人はその情報を活かすことができません。必要なお金の額が決まっていなければ、その情報を拾うこともなく、具体的な行動に結びつけることもできないのです。

心のステージ2は、主語が自分で、自分軸を作っていくことが大事だとお伝えしてきましたね。**まさに自己決定力が大事になっていく**のです。

自分を信用できて、主体的に動くことで、周囲からも信用されはじめます。

自分軸で話すことで、コミュニケーションがとれるようになり、人も自然に集まり、豊かな人生を築くことができるのです。

わたしの夫のように、最初から「価値の序列」にお金が入っていない人でも、自分を知れば、自分軸での〝お金が必要な理由〟に気づくことがあります。

お金は情報の一種であり、〝ホンモノの自分〟の心の底からの目的・動機でなければ、有益な情報でも簡単にスルーしてしまうのです。

お金も人も、必要だと認識しているからこそ、見つけることができます。

そして、信用のある自分になってやっと受け取れます。

心のステージをあげて、本当の自分になることで、たくさん恵まれる人生になっていくのです。

〝わたしたち〟でしか得られない未来がある

今までたくさんの事例を書いてきましたが、心のステージを変えることで、幸せな自分になり、人間関係を育めるようになってほしいと思っています。

そのための最初の方法が「NO」を受け入れるということでした。

自分の「NO」を受け入れることによって、目の前の人の「NO」も自己犠牲抜きで受け入れることができるようになります。

そして、信頼関係を作る「NO♡」を受け入れた後にしか見出せない、未来があります。

相手があなたのために素敵な提案をしてくれるようになるのも、あなたがどんな言葉でも受け入れてくれるという信頼の構築があってこそ。

だからこそ〝わたしたち〟の未来が無限に広がるのです。


わたしは、主人と付き合ってから年収が上がりました。

「わたし」だけでは考えることができなかった未来を、主人と一緒にいるからこそ叶えたいと思うことができたからです。


さらに、仕事もチームですることになりました。

わたし一人ではできなかった仕事が、チームのみんなでできるようになったことで、多くの新しいクライアント様にも出会えるようになりました。

わたしだけでは見ることのなかった夢を、みんながいるから望めるようになったのです。


〝わたしたち〟という主語を受け入れることで、未来は無限に広がっていくのです。

新しいチャレンジで自分を磨く

では、心のステージ3に上がるにはどうすればいいのか？

それは、〝わたしたち〟を受け入れることとお話ししてきました。

〝わたしたち〟を受け入れるとは、他人と〝人生の共同創造〟に対して許可を出すということです。他者との未来を信じての決断には、信じる力が大事になります。ですが、最初から安心して新しい関係を望めるかと言うと、そんなことはありません。

その不安な状態から、勇気を出して前に進む気持ちを持つことが大事になります。気持ちの話か、と思う方もいると思いますが、感情に支配されやすい生き物であるわたしたちは、感情を味方につけたいのです。

そして、**今まで経験してなかったこと、チャレンジを受け入れる姿勢**も重要です。

たとえば、わたしは家族以外と一緒に住むことに抵抗がありました。

彼氏ができても、同棲をしたことがありませんでした。仕事ばかりしているときは朝早く会社に行って、24時過ぎに帰宅もザラな生活をしていました。

この生活を他者と共有して、納得してもらうことも面倒だし、さらに他人に気を使ってしまうのはしんどい……など、ネガティブに考えていました。

ですが、それは「相手がわたしの価値観をわかってくれないかも」という人を信じられない心の状態と、「自己中はいけない」「嫌われてはいけない」という「have to」からきているとわかってから、やっと考えを変えることができました。

同棲を決めたとき、彼に「疲れているときは話しかけないでほしい」と伝えたり、「仕事ですれ違いの生活が続いていても毎週一緒に夕飯を食べたいから予定を合わせたい」と提案したり。自分の「have to」を解消しながら、二人でできることを模索していくことにしたのです。

最初は、億劫なこともありましたが、一つひとつ勇気を出すことで、自分を信じられるようになり、新しい未来につながっていきました。

この挑戦を難しいと感じる人もいますが、**「自分でできないと思ったことを人に頼る」なんてことも一つの挑戦**になります。挑戦を難しく考えず、「今まで選択肢にはあったけど、やったことがないこと」ぐらいにとらえてほしいのです。

加えて、チャレンジと同時に大事なのは、**失敗を許すこと**です。

心のステージを上げる方法の一つに、自分と他者の失敗も受け入れるというものがあります。チャレンジの裏には失敗がつきものです。「できないことを人に頼んだけど断られた」なんてこともありますよね。

このときはまず、能動的にチャレンジしたことのみにフォーカスしてください。**結果は、一回度外視をする**ことも大事です。わたしたちは自分の行動と結果をセットで考えがちです。でも別で考えることが大事なのです。

また、**「失敗をしてもいい」ではなく「失敗を許す」**とすることで、周囲の人があなたに対してさらに肯定的になり、あなたを受け入れる余裕を産んでくれます。

準備ができたら、まず一つでもいいので勇気を出して、やってこなかったことをしてみてくださいね。

反省はしても、後悔はしない

心の状態を整えて、他者と良好な関係を築くときに、**振り返りの時間を作ってもらうこともあります。**

反省とは、振り返った後、それについて何らかの評価を下すことであり、自分自身の評価軸を作る大事な時間になります。

自分の行いに対して、「後になって失敗であったと悔やんだり、自己否定したりしたくないから、反省なんてしたくない！」という人もいます。

心のステージ1だと、反省を後悔として扱ってしまって、自分責めの材料にしてしまうのです。

ですが、決してそんなことをしてもらいたいわけではありません。

振り返りは、より良い自分を信じるためにあります。正しい振り返りは、人生を変える効果を発揮します。

もちろん、心が整えば、全く後悔しなくなるというわけではありません。

そういうときでも振り返りは、**ありのままの自分を思い出すためにするものと設定してほしいです。**

・結果度外視で、自分が自分のためにしてあげられたことはなんだろう？
・自分のために使えた時間の満足度は何パーセント？
・この満足度のパーセンテージを上げるために、わたしは明日何をすればいい？

こんな感じに、一日3分でいいので、毎日振り返りをしてみてください。

これは、**ステージ2以上を強化するのに効果があります。**

また、ステージ2の強化の後には、次の振り返りも効果的です。

・今日一番感謝したことは？
・ありのままの自分を受け入れてくれた人の願いを、自分が叶えられるなら何をしたい？

こうして意図的に自分を振り返ってほしいと思っています。
幸せな自分との関係の更新を叶えてくれるでしょう。

コミュニケーションを理解すると現実が変化する

「わたしたち」で会話ができるようになることで、新しいコミュニケーションを取れるようになって、現実が変化していった事例をお伝えしましょう。変わらないと思っていることも、夢のように変化していきます。

事例1　結婚25年目旦那様に言えない遠慮や我慢を秘めていたAさん

変化

結婚して25年。これまでも良好な関係を築いていらっしゃったAさんご夫婦ですが、実は、その裏に奥様は旦那様に言えない遠慮や我慢をお持ちでした。

旦那様は、質素倹約を大事にし、無駄使いをしない方でしたが、奥様が本書でお伝えしているコミュニケーションを取ったことで「夫婦のお金の使い方」が一変。

旦那様は、50歳を過ぎてから年収が300万円もアップ。住まいも奥様の念願だったタワーマンションへお引っ越しされました。

さらには、今までなら絶対に買ってくれなかったハイブランドバッグを、奥様に贈るなど大きな変化がありました。

お二人がしたことは、お金が必要な理由を、夫婦で考え直したこと。

奥様が我慢せず、お金を使いたい理由や動機を伝えることで、旦那様とわかりあうことができ、今ではさらに幸せな関係を築かれています。

事例2　結婚を決めてくれない彼との最高のウェディングを叶えたBさん

変化

結婚前提でお付き合いをはじめたはずが、一年半以上、彼が決断をしてくれず、どんどん自信がなくなっていったBさん。「この人と一緒にいて本当に結婚できるのか」と悩んでいたときに、ご相談に来てくださいました。

二人とも結婚に対する意識が他人軸（ステージ1）で、とにかく変化を怖がっていたこと、また、結婚についての「have to」をたくさん持っていたことに気がつき、一つひとつ手放していかれました。

コミュニケーションにおいて、ステージ2である「わたしがしたい結婚」を彼に話せたことで、彼の結婚観についても、本当の意味で話し合えました。

これによって、自分の気持ちを伝えることの大事さ、お互いの不安の解消方法を理解しあうコミュニケーションができるようになり、その後短期間でご入籍され、幸せな結婚生活を過ごされています。

事例3　なかなか成績が上がらない子どもに手を焼いていたCさん

変化

勉強嫌いで、成績もなかなか上がらない御子息に悩んでいたCさん。

Cさんご自身は、目標を設定しそれに向かって最大限の努力をする学生生活を送ってきた方でしたので、なぜ御子息が勉強しないのかがわからないとのこと。

ご自身が、細かく勉強の指導をした方がいいのかと悩んでいらっしゃいました。

タイプ別のコミュニケーションを学んだことで、ご自身は結果(C)優先なのに対し、お子様はプロセス（B：過程）重視のコツコツタイプだとわかり、御子息に合わせたコミュニケーションを取るように変更。

まずは数学の点数をあげることに集中し、次に英語に取り組むというように、一つずつ進める方法を勧めたところ、御子息に合っていたよう。

適切な教育環境を用意できるようになったことで、御子息の数学の点数は60点アップされました。

事例4　年収を上げるためチーム全体の年収を上げることに取り組んだDさん

変化

出世できず、年収もダウンし、自信をなくしていたDさん。

そこから、わたしたち視点（ステージ3）で、会社にメリットのある交渉をしたことで、転職をしないままで500万円の年収アップを叶えられました。

Dさんは自分のことだけではなく、チームメンバーとのコミュニケーションを強化して部下の目標達成を丁寧にサポート。会社にとってのメリットも具体的に提示できたことで、部下全員の年収アップと自身の昇級と年収アップを叶えたのです。

相手に振り回されることも楽しめる

〝わたしたち〟で会話ができると、相手に振り回されることも出てきます。

たとえば、わたしは結婚した時に主人に「あと120年よろしくね」と言われました。わたしはいい塩梅で大往生できたら最高だと思っていたのですが、想像以上の提案に本当に驚きました（笑）。

ここで、「NO」と言うこともできるのですが、「彼の考え方や価値観があって、こういった提案をしてくるのか」と、相手の満足度の高い未来の話を受け入れられる自分になれていたので「そういう考えもありだよね！　なら健康に気をつけないとね！」と返すことができました。

わたしの価値の序列で健康は全く上位にないのですが、健康的に生きるという新しい考え方を、自分のなかに取り入れることができたのです。

これは相手の話を聞けるようになったから。

そして、相手のどんな言葉でも受け入れることができるようになったから。

〝わたし〟だけで叶えようとしていた未来を超えて、〝わたしたち〟でしか考えられない未来を受け入れると驚くこともありますが、楽しみも大いに増えたと思っています。

「YES」と「NO♡」の両方の選択肢を持って、信頼関係を築くことで、新しい未来を選べるようになったのです。

「NO♡」の魔力で喜びを共有し合う社会に

以前のわたしは、相手の言葉の裏側を勝手に予測したり、自己卑下したりしながらコミュニケーションを取っていました。

そのため、彼にも、上司にも、気持ちは伝わりませんでした。関係は続いていても、なんだか遠慮があり、心からの満足は叶わなかったのです。

今思えば、自己否定や自己卑下をしていた自分は、嘘ばかりついていたように思います。相手に合わせるという、優しい嘘は自分を苦しめました。

その時のわたしには、〝**本当の自分**〟のまま、幸せな関係を築けるとは思えていなかったのです。

ありのままの自分の「YES」を理解するには、自分の「NO」を知っていなければなりません。何を嫌だと感じるのかを理解することが、想像以上に重要なのです。

「NO」は、口に出しづらいですよね。

当時のわたしも、伝える難しさを感じましたが、自分の現状に心から「NO♡」と言うことで、新しい未来につながっていきました。

「NO♡」は、さまざまな可能性を秘めていました。相手を認めるという意味もあったのです。

自己決定した「NO♡」を自分にも他人にも言えるようになれば、他人から「NO」を言われても落ち込まず、そこから信頼関係を築けるようになります。

これが大切な人と一緒に成長していくための必要な道であり、本書の目指すゴールでもあります。

信頼関係は、あなたを〝あなたの大切な人にとっての特別な存在〟にしてくれるでしょう。特別な存在とは、お互いにいい影響を与え合える存在です。

そんな信頼関係が築けるようになれば、特定のパートナーとだけでなく、誰とでも良好なコミュニケーションを取れるようになります。

「NO♡」が言えるようになると、「奪う／奪われる」の世界から脱して、誰とでも喜びを共有できる関係がつくれるようになります。

これが「NO♡」が持っている底知れぬパワーなのです。

信頼できる特別な存在がいる人生は、大きな喜びに溢れています。

そんな幸せな社会が、「NO♡」の魔力で実現することを祈っています。

おわりに　まず自分の「NO」を受け入れよう

ここまで読んでくださった皆さん、ありがとうございます。

わたしも最初からうまくいっていたわけではなく、10年ぐらいは自分迷子だったように感じます。自分に合う仕事も、お金の扱い方も、恋愛・パートナーシップもどうすればいいのかわからないと、長いことずっともがいていました。

そもそもコミュニケーションも、先天的に上手な訳ではありませんでした。口下手ですし、今でも人前で話すときは緊張することが多いです。

人に「NO」なんて言う勇気もなく、自信もない状態で、他人と合わせることを愛だと思っていました。

ですが、本当の愛は、信頼の関係の先にしかないのだと、自分の「NO」を受け入れた後に気づいたのです。そう、自分の「ＮＯ」を受け入れた後です。

つまりこの信頼関係とは、まず自分との信頼関係。それから、他者との信頼関係の順なのです。


この本では、心のステージ理論や、コミュニケーションの方法、タイプ分けなど、さまざまなことを書きましたが、正直すべては書ききれませんでした。難しく感じた方や、「もっと詳しく書いてほしい！」と思う方など、さまざまだと思います。

過去のわたしも、最初はわからないことだらけでしたし、何から実践していいのか悩みました。

ですがよければ、まず本書に書いていることを一つでもいいので試してもらえたら嬉しいです。たった一つ、「これを明日の24時までにやってみよう」と決めてほしいと思います。

そして、やった後にこの本をもう一度読んでみてください。きっと最初に読んだ時とは、入ってくる情報が変わっていると思います。

わたしもまず一つの挑戦からはじめました。

ぜひ一緒に進んでもらえたら嬉しいです。

この本を書くにあたって、編集さん、ライターさん、そしてわたしの事業に関わってくれるメンバー、そしてクライアント様たち、大尊敬のメンターたち、大切な友人たち、そして主人にも協力してもらいました。本当にありがとうございます。

自分がこんなに多くの方に囲まれ、支えられているなんて、数年前の暗闇のなかにいたわたしは、きっと驚いていると思います。

今、本当に幸せな毎日を過ごせているのは、みんなさんのおかげです。ありがとうございます。

皆さんも、自分の可能性を信じ素敵な人間関係を築いて、幸せな毎日を過ごせますように。応援していますね。

奥井まゆ

【参考図書】

・『Dr.ディマティーニの最高の自分が見つかる授業　人生を成功加速させる世界最強メソッド』（ジョン・F・ディマティーニ著ほか／フォレスト出版）
・『マンガでやさしくわかる認知行動療法』（玉井仁著ほか／日本能率協会マネジメントセンター）
・『インテグラル理論　多様で複雑な世界を読み解く新次元の成長モデル』（ケン・ウィルバー著ほか／日本能率協会マネジメントセンター）
・『応用行動分析学　ヒューマンサービスを改善する行動科学』（島宗理／新曜社）
・『日本で一番わかりやすい四柱推命の本』（林秀靜／ＰＨＰ研究所）

奥《おく》井《い》まゆ　Mayu Okui

1986年生まれ、神奈川県在住。現在国内に複数会社経営。

メンタルコーチ、ビジネスコンサルタント、四柱推命鑑定士、大学生など複数の顔を持つ。

30歳目前での大失恋をきっかけに「自分らしい生き方」を探すうち、「脳」と「心」に関する学びに出会い、自分や他人との関係性を一変。仕事、恋愛、金銭面での自由を得られる自分に変化。その後、心理学、脳科学、コーチング、アメリカの行動理論を学び、独自に「脳心理学メソッド」を作り出し、多くの女性のライフスタイルを変えるコンサルタントに転身。加えて、個性や才能を「華僑の四柱推命」を使って言語化し提供。パートナーシップやビジネスを加速させるサポートを行う。また、自身と多くのクライアントの成長・変化の実例から、インテグラル理論をもとに、心のステージ理論をわかりやすく作り変え、講座やセミナーで提供している。

現在は、複数の会社を経営しつつ大学に通うなど、自由なライフスタイルを送っている。同じくパートナーも複数の会社を経営。好きな時に好きな場所で仕事をするスタイルを徹底するノマド経営者である。著書に、『決めるだけ。「お金」も「恋」も勝手にうまくいく、人生を変えるレッスン』（KADOKAWA）がある。

公式サイト　https://mayuokui.com/
ブログ　https://ameblo.jp/hanamizuki5555/
Instagram　https://www.instagram.com/mayu.okui/

「NO♡」の魔力

2024年11月5日　初版発行

著　者　奥井まゆ
発行者　太田　宏
発行所　フォレスト出版株式会社
〒162-0824 東京都新宿区揚場町2-18　白宝ビル7F
電話　03－5229－5750（営業）
03－5229－5757（編集）
URL　http://www.forestpub.co.jp
印刷・製本　萩原印刷株式会社

©Mayu Okui 2024

ISBN978-4-86680-296-1　Printed in Japan
乱丁・落丁本はお取り替えいたします。

「NO♡」の魔力

読者の方へ
特別無料プレゼント

奥井まゆオリジナル

『最高の人間関係を作る 5つのタイプ セルフチェックリスト』

（Webセルフチェック）

著者・奥井まゆさんより

本書86ページからご紹介した、心理学と統計学によって導かれた「5つのタイプ」がわかる、奥井まゆオリジナルのタイプ鑑定『最高の人間関係を作る 5つのタイプ セルフチェックリスト』を、読者の皆さんにプレゼントとしてご用意しました。あなた自身のタイプから、パートナー、上司、友人のタイプまで、それぞれどのタイプかを知ることで、より良い付き合い方、コミュニケーションの取り方がわかります。ぜひ本書と併せてご活用ください。

特別プレゼントはこちらから無料で診断することができます↓

https://frstp.jp/no

※特別プレゼントは Web 上で公開するものであり、鑑定書などをお送りするものではありません。

※上記無料プレゼントのご提供は予告なく終了となる場合がございます。あらかじめご了承ください。